Heinz Sielmann
und
Claudia Toll

Hamster
erleben, verstehen, beschäftigen

KOSMOS

Inhalt

Mit Heinz Sielmann zu den wilden Verwandten der Hamster

Service 62

So fühlen sich Hamster wohl

Mit Heinz Sielmann zu den wilden Verwandten der Hamster

Wie ein Hamster wohnen möchte

So richten Sie die Hamsterwohnung ein

So wird ein Hamster zutraulich

Wir lernen uns kennen

Was Hamster alles brauchen

So fühlen sich Hamster wohl

Goldhamster sind mit den dunklen großen Knopfaugen, dem samtigen Fell, der zarten Nase und den feinen Ohren wirklich goldige kleine Tierchen. Ob sie mit den Pfötchen Futter aufnehmen, Männchen machen oder sich putzen, sie haben etwas besonders Niedliches an sich. Dass sie als eigenwillige und einzelgängerisch lebende Wesen ernst zu nehmen sind und keine Tiere zum Herumtragen und Knuddeln sind, wird darüber schon mal leicht vergessen. Sie sind – zu den aktiven Zeiten des Tages – überaus neugierig, sehr schnell und flink, munter und ein bisschen eigenbrötlerisch.

Tipp

Ein Hamster aus dem Tierheim

In Tierheimen landen immer wieder ungeliebte Hamster oder Junghamster aus unerwünschten Würfen. Häufig sind die Tiere schon zahm. Sehen Sie sich doch auch dort einmal um, wenn Sie einen Hamster suchen!

Richtig beobachten und auswählen

Wenn Sie sich dafür entscheiden, einen Goldhamster als Haustier zu halten, beginnt Ihre Beziehung schon, bevor er zu Ihnen kommt: bei der Auswahl des Tieres. Gehen Sie spät am Tag, in den Abendstunden, zum Züchter oder in ein Zoofachgeschäft. Fragen Sie, wann die Tiere aufwachen. Dann erst lässt sich erkennen, wie die verschiedenen Hamster sich verhalten. Sie sind nämlich nicht alle gleich! Am besten ist es, wenn Sie den Zeitpunkt des Aufwachens erwischen und gerade dann dabei sind, wenn alle Goldhamster ihr Schlafhaus verlassen. Der eine blinzelt noch verschlafen, der andere beginnt mit einer gründlichen Wäsche, der Dritte rennt gleich zum Fressnapf, der Vierte stellt sich erstmal auf die Hinterbeine und sichert. Können Sie sie unterscheiden? Welcher gefällt Ihnen am besten in seiner Art? Welcher reagiert auf Sie? Was stellen Sie fest, wenn Sie die Tiere beobachten? Bringen Sie viel Zeit mit. Es genügt nicht, die Tiere nur fünf Minuten zu betrachten. Eine Beobachtung, die etwas aussagen soll, dauert länger. Eine halbe Stunde sollten Sie schon am Käfig stehen bleiben.

Wenn Sie den Hamster aussuchen, achten Sie nicht nur darauf, dass er körperlich fit und gesund ist, sondern auch, dass alle seine Sinne funktionieren. Pfeifen Sie, nähern Sie sich ihm mit der Hand, versuchen Sie, seine Neugier zu wecken.

Der Hamster – ein Einzelgänger

Im Zoofachgeschäft oder beim Züchter bemerken Sie vielleicht verwundert, dass die Tiere in einer Gruppe gehalten werden. Sind Goldhamster denn keine Einzelgänger? Sie sind es. Aber es gibt dort fast nur junge Hamster zu kaufen, und die kleinen Wurfgeschwister vertragen sich bis zu einem bestimmten Alter gut miteinander. Sie spielen und kuscheln zusammen. Sobald sie geschlechtsreif werden, kommt es zu Auseinandersetzungen. Daraus werden Beißereien, da sich die Tiere ja nicht aus dem Weg gehen können. Es bleibt also dabei, Goldhamster sind Einzelgänger. Es mag sehr selten auch gesellige Ausnahmehamster geben. Planen Sie immer nur den Kauf eines einzelnen Hamsters ein.
Achten Sie darauf, dass im Verkaufskäfig niemals Männchen und Weibchen noch dann gemeinsam gehalten werden, wenn sie älter

Goldhamster putzen sich gründlich mit den kleinen Pfötchen. So zart kann das kein Mensch. Aber ein sehr behutsames Streicheln mit einem Finger mögen sie auch. Ganz besonders zutrauliche Tiere kommen sogar auf die Hand.

als vier Wochen sind. Sonst kann es passieren, dass sie ein bereits gedecktes Weibchen mit nach Hause nehmen.

Streicheln – nur ganz vorsichtig

Goldhamster legen als typische Einzelgänger nicht sehr viel Wert auf Körperkontakt und Schmusen. Sie haben es wohl gerne, wenn sie mit dem Finger ganz behutsam gestreichelt werden, aber dann ist es auch schon gut. Dass sie es wie andere Tiere genießen, sich ausgiebig kraulen zu lassen, kann man wirklich nicht sagen. Ausnahmen gibt es immer! Hamster laufen gerne über die Hand, weil die schön warm ist, sie kuscheln sich in die zur Höhle geformten Hände. Ihre Körperpflege übernehmen sie selbst. Nur langhaarigen Hamstern muss dabei geholfen werden.

Unterschiede im Temperament

Den Weibchen wird nachgesagt, sie seien etwas lebhafter, aber auch aggressiver als Männchen. Die Begründung dafür: Da bei den Goldhamstern die Weibchen die Jungen alleine aufziehen und beschützen, müssen sie auch verteidigungsbereiter sein. Das trifft in der Regel auf die Wildform zu. Aber Goldhamster werden schon seit vielen Generationen als Haustiere gezüchtet, und sie sind im Lauf dieser Zeit friedlicher geworden, auch die Weibchen. Es kommt doch sehr darauf an, wie dem Tier von Anfang an begegnet wird, wie rücksichtsvoll es behandelt wird, mit wie viel Geduld und vorsichtiger Annäherung es gezähmt wird. Davon hängt entscheidend ab, wie sich der kleine Goldhamster dem Menschen gegenüber verhält.

!

Waschen Sie die Hände, bevor Sie sie dem Hamster hinhalten, nicht mit Seife, die Duftstoffe enthält und benutzen Sie kein Parfüm. Hamster sind geruchsempfindlich und schrecken dann leicht zurück. Sie erkennen auch Ihren Menschen vor allem am Geruch.

Hamster-Rassen

Der Goldhamster hat – daher sein Name: goldbraunes Fell mit zwei dunkleren Flecken im Brustbereich, der Bauch ist grauweiß. Heute gibt es viele Zuchtformen. Farben reichen von Schwarz über Apricot bis Creme, es gibt Schecken-, Russen- und Albinohamster. Das Fell beim Rexhamster ist kurz, beim Angora- oder Langhaarhamster so lang, dass es immer nachwächst, nass werden und verschmutzen kann, Einstreu hängen bleibt. Es muss geschnitten und gepflegt werden, für Hamster und Mensch keine angenehme Prozedur! Der Satinhamster hat ein plüschiges, metallisch glänzendes Fell. Bei sogenannten Teddyhamstern kann es sich sowohl um einen Langhaarhamster als auch um einen Satinhamster handeln.
Am besten ist es, sich für einen wildfarbenen Hamster zu entscheiden. Ein schönes Tierchen!

Der wildfarbene Hamster ist ein hübsches Tier. Durch die Zucht sind viele Fellfarben und -formen entstanden. Es gibt gescheckte und sogar schwarze Goldhamster. Der langhaarige Angorahamster braucht Hilfe bei der Fellpflege.

Hamster sind Einzelgänger. Wurfgeschwister vertragen sich anfangs noch gut. Erwachsene Tiere haben große Reviere und gehen sich aus dem Weg. Bei Begegnungen außerhalb der Paarungszeit kommt es auch zu Beißereien.

Mit Heinz Sielmann zu den wilden Verwandten der Hamster

Kleine Einzelgänger Sie wollen allein sein, die Goldhamster! Im Gegensatz etwa zu den anderen unserer kleinen Heimtiere, den gesellig lebenden Meerschweinchen, Kaninchen und Wellensittichen, ist bei ihnen Einzelhaltung artgerecht. Wildlebende Goldhamster kommen nur während der Paarungszeit zusammen. Hamsterweibchen werden etwa alle fünf, sechs Tage hitzig. So kommt es natürlich dazu, dass sie sich mit den Männchen im Lauf der Zeit recht häufig zusammenfinden. Aber schon bald nach der Paarung wird das Männchen vom Weibchen wieder vertrieben. Und auch den Nachwuchs, sobald er die Geschlechtsreife erreicht und neue Junge erwartet werden, duldet die Mutter nicht länger in der Nähe. Die jungen Hamster müssen sich dann ein eigenes Revier suchen. Das kann bisweilen ziemlich weit entfernt vom Geburtsbau sein, denn die Tiere beanspruchen recht große Territorien, wenn man bedenkt, wie klein sie sind. Begegnen sich ausgewachsene Goldhamster in den von ihnen bewohnten Revieren, kommt es auch zu Auseinandersetzungen. Ihren Artgenossen gegenüber sind Goldhamster aggressiv, die Weibchen mehr noch als die Männchen. In der Regel gehen sie sich aus dem Weg, und spätestens wenn deutliches Drohverhalten gezeigt wird, macht sich das unterlegene Tier schnell davon. Eine ernsthafte Beißerei kann für den Unterlegenen tödlich enden.

Gesundheitlich sind diese Hamster fast immer robust. Die Farbmutationen weisen eher Anomalien von inneren Organen auf, die Tiere können anfälliger sein. Bei schwieriger Zucht kommen auf etliche Tiere mit „Fehlern" die wenigen, die dann verkauft werden.

Zu wem passt ein Hamster?

Goldhamster werden meist für Kinder gekauft, dabei sind sie die idealen Tiere für berufstätige Erwachsene! Denn sie schlafen fast den ganzen Tag durch, und wollen dann gar nicht, dass sich jemand um sie kümmert, sondern möchten ihre Ruhe haben. Abends, wenn der Mensch von der Arbeit nach Hause kommt, wird auch der Hamster wach und ist aufgelegt zu interessanten

Beschäftigungen. Das ist für Kinder langweilig, ein Tier zu haben, das munter wird, wenn sie ins Bett gehen, und das sich zurückzieht zum Schlafen, wenn sie Zeit hätten! Für kleine Kinder übrigens ist das ganze Handling mit dem zart gebauten Hamster schwierig. Erst Kinder ab etwa zwölf Jahren können die Tierchen mit dem gebotenen Feingefühl behandeln.

Nachts quirlig – am Tag verschlafen

Der Goldhamster ist ein nachtaktives Tier. Das heißt nicht, dass er während des Tages nie aufwacht und die Nacht zum Tag macht. Ist er abends erst einmal aufgewacht, hat er während der ganzen Nacht immer wieder Phasen, in denen er sich zurückzieht, und Phasen, in denen er munter ist. In seinen Aktivitätszeiten ist er nicht zu überhören. Er baut bei Bedarf sein Nest neu, er klettert, er gräbt Gänge in der Einstreu, er legt weite Strecken durch Röhren, über Brücken und im Laufrad zurück, er frisst, er hamstert Vorräte für die schlechten Zeiten, und dabei rennt er auch ständig zwischen Napf und Schlafhäuschen hin und her. Zusammen mit einem Hamster in einem Zimmer die Nacht zu verbringen, kann also durchaus schlafraubend werden.
Der Goldhamster ist ein quirliges Lebewesen. Die wenigen Jahre, die er Zeit hat, scheinen bei ihm dafür in einer umso rasanteren Geschwindigkeit abzulaufen. Abgesehen natürlich von den Zeiten, in denen er schläft und neue Kraft für seine nächtlichen Unternehmungen schöpft. Auch tagsüber lässt sich der Hamster manchmal blicken, aber er zieht sich fast immer schnell wieder zurück. Es kann auch Ausnahmen geben, und er bleibt etwas länger wach.

Womit beschäftigt sich ein Hamster, wenn er wach ist? Es macht Spaß, ihn zu beobachten, wenn er ausgeschlafen aus seinem Versteckt kommt. Er wird bald an den Futternapf gehen. Was gibt es zu fressen? Dann wird gehamstert.

Wie ein Hamster wohnen möchte

Der Hamster ist kein anpassungsfähiges Tier. Er kennt nur eine Lebensweise. Das bedeutet, dass sich der Mensch ganz nach dem Hamster richten muss. Das beginnt mit der Unterbringung. Wirklich angemessen für den Hamster ist ein Cricetarium, ein der Natur nachgestalteter, wenn auch begrenzter Lebensraum. Vielleicht finden Sie ein geeignetes ausgedientes Terrarium oder Aquarium. Dann ist es wichtig, darauf zu achten, dass für genügend Luftzufuhr gesorgt ist. Und beim Anbringen von Zubehör müssen Sie sich vielleicht etwas einfallen lassen. Oder Sie bauen selbst ein Cricetarium. Hamsterfreunde entwickeln die tollsten Ideen für Gehege.

So wird der Käfig zum Hamsterheim

Wenn es ein Käfig sein soll, dann ist auf folgendes zu achten: Der Käfig sollte als Untergrund keinen Gitterrost haben, auf dem die Hamster mit den kleinen Füßen kaum laufen können, sondern eine Bodenschale, in der die Einstreu richtig hoch geschichtet werden kann. Der Gitteraufsatz ist quer verdrahtet. Daran kann der Hamster hangeln. Die Gitterstäbe dürfen nicht beschichtet sein, da der Hamster sie annagen könnte. Und weil Hamster wahre Ausbruchkünstler sind, muss der Abstand zwischen den Stäben einen Zentimeter betragen. Achten Sie auf gut verschließbare Türen! Die Mindestgröße für den Käfig sollte 100 mal 70 Zentimeter betragen, aber mehr ist besser!

Viel Platz – viel Spaß

Die Grundfläche eines Käfigs und auch des Cricetariums (denn es kann dem Hamster gar nicht groß genug sein), lässt sich durch eine zweite oder dritte Etage vergrößern. Kleine Treppen oder Rampen – aber keine Aufstiege aus Gitterstäben! – führen auf diese gut befestigten Ebenen. Sie können Spanplatten zwischen die Streben des Gitteraufsatzes schieben. Die Treppen und Etagen sollten Sie an den Rändern durch etwa sechs Zentimeter hohe Geländer sichern.

Tipp

Praktisch – der Transportkäfig

Kaufen Sie für Ihren Hamster gleich einen nicht zu kleinen Transportkäfig. So können Sie ihn vom Züchter, aus dem Tierheim oder Zoogeschäft ungefährdet mit nach Hause nehmen. Auch für Tierarztbesuche und während Sie das Hamsterheim säubern ist er praktisch.

schon gewusst?

Plastik ist lebensgefährlich!

Kaufen Sie nie Plastikkäfige und sogenannte Kompaktkäfige, die immer noch angeboten werden. Sie sind viel zu klein! Und es mag zwar kaum vorstellbar sein, aber selbst durch das bisschen Atemluft des kleinen, aber höchst aktiven Tierchens schlägt sich überall Kondenswasser nieder. In einem Käfig aus Plastik entsteht schon bald ein ganz ungesundes, feuchtes Klima. Für den Hamster bedeutet das Lebensgefahr! Das gilt übrigens auch für das Schlafhäuschen, für das Spielzeug und für das ganze Zubehör im Hamsterheim: Kein Plastik! Es gibt eine sehr gute und große Auswahl aus Holz und anderen Naturmaterialien zu kaufen.

Oder verbinden Sie mehrere Käfige oder Regale miteinander. Die Verbindungsgänge können innen verlaufen oder vollständig geschlossen an den Außenseiten der Käfige von Tür zu Tür oder von Etage zu Etage führen. Achten Sie darauf, dass bei der Konstruktion keine Lücken entstehen.

Der richtige Standort fürs Hamsterheim

Kein Lärm, kein Rauch

Die Sinne des Goldhamsters geben vor, wohin das Hamsterheim gestellt wird. Hamster haben einen hoch empfindlichen Geruchssinn. Sie werden also nicht in einem Raum untergebracht, in dem geraucht wird, oder gar in der Küche mit ihren Dünsten! Hamster haben ein sehr feines Gehör, laute Musik ist ihnen ein Gräuel! Wenn Sie so richtig gute Lautsprecherboxen haben, spüren Hamster die Vibrationen. Das ist für sie äußerst unangenehm, und sie können dem Lärm nicht entgehen.
Ein zugfreier Standort in einem normal temperierten Zimmer, nicht auf dem Boden, nicht in direkter Sonne, nicht an der Heizung, möglichst an der Wand oder in einer Ecke, ist der beste Platz. Besonders gut beobachten lässt sich der Hamster, wenn Sie sein Zuhause erhöht aufstellen.

Hamster sind munter und bewegungsfreudig, sie haben eine kräftige Schultermuskulatur, klettern und hangeln sich überall hinauf, wo es geht. Quer verlaufende Gitterstäbe, Leitern und andere Klettermöglichkeiten nutzen sie gern.

So richten Sie die Hamsterwohnung ein

Das Hamsterheim oder Cricetarium sollte das Mindestmaß von einem Quadratmeter haben, eine gute Grundfläche wären zum Beispiel 120 mal 80 Zentimeter. Die Seitenhöhe beträgt 40 Zentimeter, sogar noch mehr, je nachdem, wie tief Sie die Einstreu schichten. Damit innerhalb der vier Wände ein ausreichender Luftaustausch gewährleistet ist, besteht der obere Teil – etwa ein Drittel – wenigstens einer Wand aus feinmaschigem Draht, und ebenso die Abdeckung. Oder Sie bringen Lüftungsschlitze oder Lüftungsgitter an den Wänden an.

In das neue Heim für den Hamster wird die Einstreu ungefähr 20 Zentimeter hoch geschichtet. Bewährt hat sich eine Mischung aus Kleintierstreu, Hanf- oder Maisstreu und Buchengranulat mit Heu, auch mit trockenen Blättern, etwas Stroh oder kleinen, biegsamen Zweigen, zum Beispiel von Birke, dazwischen. Diese Mischung hält so gut, dass der Hamster auch wirklich Gänge anlegen kann.
Achtung! Katzenstreu und Vogelsand eignen sich nicht als Einstreu.

Ganz wichtig ist das Schlafhaus. Es gibt im Zoofachhandel Häuschen mit zwei oder sogar vier Kammern und abnehmbarem Dach. Gut ist eine Grundfläche von etwa 20 mal 16 Zentimetern und eine Höhe von 14 Zentimetern. Der Eingang muss so groß sein, dass der Hamster mit prall gefüllten Backentaschen hineinpasst. Das Häuschen darf kein Fenster haben. Sollte der Hamster durchklettern, könnte er stecken bleiben. Außerdem bevorzugt der Hamster absolute Dunkelheit, wenn er schläft. Zwei Häuschen sind noch besser, wenn der Käfig groß genug ist!

Der Hamster braucht Abwechslung, er bewegt sich gern und erkundet alles. Klettergeräte, Baumwurzeln, Halbhöhlen, Sisal- oder Heunester, Korkröhren, Weidenbrücken, Lavasteine – Sie brauchen nur auszuwählen und immer wieder etwas auszutauschen!
Und ein Laufrad? Ja, auch das sollte sein, aber es muss sehr sorgfältig ausgesucht werden (siehe Seite 46). Alles, auch Näpfe und Schlafhaus, wird so aufgestellt, dass es der Hamster nicht unterwühlen kann! Nachrutschende Einrichtungsgegenstände haben schon Hamster unter sich begraben.

Ein standfester Futternapf und die Trinkflasche gehören noch zur Einrichtung des Hamsterheims. In den Napf legen Sie das Frischfutter. Sein Körnerfutter kann der Hamster sich aus Verstecken zusammensuchen. So beschäftigen Sie ihn zusätzlich. Auch wenn die meisten Hamster nie etwas trinken, vor allem nicht, wenn sie genügend Frisches bekommen, sollte die Trinkflasche nicht fehlen. Und sie muss auch jeden Tag gut gereinigt werden.

Was braucht der Hamster noch in seinem Cricetarium? Ein Sandbad sollte ihm immer zur Verfügung stehen. Stellen Sie es nie in einer Käfigecke auf, er könnte es sonst für eine gute Hamstertoilette halten. Die darf auch nicht fehlen, zum Beispiel ein mit Sand gefülltes viereckiges Keramikgefäß. Und nicht zuletzt: Legen Sie ihm Material zum Auspolstern des Nestes in den Käfig. Zeitungspapier, Wollfäden, Tücher, die ausfransen, synthetische Hamsterwatte sind nicht geeignet, am besten sind immer noch unparfümierte Papiertücher oder Heu.

So wird ein Hamster zutraulich

!

Der Goldhamster lebt nur für kurze Zeit bei uns. Es gibt kaum Tiere, die älter werden als drei Jahre. Trotzdem: Geben Sie Ihrem kleinen Mitbewohner viel Zeit für die Eingewöhnung und versuchen Sie nie, ihn zu etwas zu zwingen, nach ihm zu greifen oder ihn durch das Hamsterheim zu jagen.

Damit Goldhamster so zutraulich werden und von selbst auf die Hand kommen, ist ein geduldiges Vorgehen bei der Zähmung wichtig. Die kleinen Tierchen möchten immer sehr behutsam angefasst und behandelt werden.

In dem kleinen Goldhamster steckt noch so viel vom wilden Verwandten, dass er am Anfang sehr scheu sein kann, auch wenn Sie sich bei der Auswahl für den Hamster entschieden haben, der neugierig auf Ihre Hand zugelaufen ist. Aber wenn er bei Ihnen ankommt, ist er plötzlich ohne seine Wurfgeschwister und findet eine völlig fremde Umgebung vor. Gehen Sie behutsam und mit viel Geduld vor. Sie können Glück haben und er wird sehr schnell zutraulich.

Geduldig Freundschaft schließen

Nehmen Sie von der Einstreu im Verkaufskäfig eine Handvoll mit, so bleibt noch der vertraute Geruch. Zuerst braucht der Hamster für wenigstens zwei Tage und Nächte seine Ruhe. In dieser Zeit kann er sich in der neuen Umgebung und Behausung zurechtfinden. Dann warten Sie bis zum Abend und beschäftigen sich zum ersten Mal mit ihm. Es gibt zwei Möglichkeiten, Goldhamster zu zähmen: Sie können es mit Futterhappen versuchen oder einfach nur mit Ihrer Anwesenheit. Mit dem Hilfsmittel Leckerchen – zum Beispiel ein Pinienkern, ein Mehlwurm oder etwas Jogurt – geht es häufig schneller, ohne Futter wird es interessanter und, wie echte Hamsterfreunde sagen, intensiver, da der Hamster Ihnen entgegenkommt und nicht dem Futter. Bei der einen wie bei der anderen Vorgehensweise tun Sie nichts anderes, als dass Sie die Hand in das Cricetarium oder den Käfig halten, sobald der Hamster wach geworden ist. So warten Sie einfach ab. Harren Sie aus! Wenn Sie das über mehrere Tage immer wieder machen, gewöhnt er sich an Sie, bis Sie ihm mit Ihrer Hand schließlich völlig vertraut sind. Wenn er von selbst auf Ihre Hand kommt, ist das wunderbar! So etwas wie eine Freundschaft kann ein Hamster mit einem Mensch nicht schließen. Der Mensch ist für ein so kleines Tier zu groß und unüberschaubar. Er kann sich aber an Sie gewöhnen und Vertrauen haben. Ein ganz zahmer Hamster schmiegt sich fast immer in Ihre Hand und zeigt, dass er sich wohl fühlt.

Erst seit 1930 werden Goldhamster als Heimtiere gezüchtet, und die ganze Zucht begann mit wenigen Wurfgeschwistern. Kein Wunder, dass das kleine Tier mit den großen Augen und dem weichen Fell schon bald sehr beliebt wurde.

Mit Heinz Sielmann zu den wilden Verwandten der Hamster

Entdeckungsgeschichte Das erste Mal wurde der Goldhamster in einem Buch erwähnt, das im Jahr 1796 erschien. Die Brüder Russel hatten in der Nähe der Stadt Aleppo in Syrien mindestens ein Exemplar eingefangen und untersucht. Eine erste wissenschaftliche Beschreibung erfolgte im Jahr 1839 durch Robert Waterhouse, den Kurator der Londoner Zoologischen Gesellschaft. Der erste, der bei einer Expedition Goldhamster ausgrub, war der Zoologe Israel Aharoni. 1930 fand er in einem Bau ein Weibchen mit elf Jungen und brachte sie an die Universität von Jerusalem. Nach Tötungen, Unfällen, Ausbrüchen und Tod durch Ertrinken blieben am Ende nur drei Männchen und ein Weibchen übrig.

Mit ihnen begann die Zucht, und es ist kaum zu glauben, aber von ihnen stammt höchstwahrscheinlich die ganze Population der Goldhamster ab, die heute als Heimtiere so beliebt sind. Generationen von Goldhamstern wurden seitdem gezüchtet. Dr. Rolf Gattermann, Professor am Institut für Zoologie an der Universität Halle hat nachgewiesen, dass danach nur noch viermal Goldhamster aus Wildfängen dazu kamen. Aber das war von 1962 bis 1986, also zu Zeiten, als die kleinen Tiere schon längst überall weit verbreitet waren.

1931 wurden die ersten Goldhamster nach England gebracht, 1938 in die USA. Nach Deutschland kamen sie erst 1948.

Der Hamster will tagsüber ausschlafen. Dann geht es ihm gut, er ist neugierig und zu Unternehmungen bereit. Nach dem Schlafen kommt immer erst das Putzen, schließlich muss das Fell ja wieder in Ordnung gebracht werden.

Das mag der Hamster gar nicht

Das ist beim Goldhamster aus Wildtierzeiten geblieben: Wie so viele kleine Tiere muss auch er befürchten, von einem Raubtier erwischt zu werden. Und der Angriff erfolgt oft aus der Luft durch einen Vogel. Wenn also Ihre Hand plötzlich genau von oben auf den Hamster zukommt, ist das für ihn lebensbedrohlich. Nähern Sie sich ihm immer von vorn oder besser etwas von der Seite her, halten Sie ihm die Hand flach entgegen. Fassen Sie ihn nie im Nackenfell. Wenn Sie den Hamster hochnehmen müssen, schieben Sie ihm eine Hand unter den Bauch und wölben Sie die andere Hand über ihn. Sind Sie unsicher, fangen Sie ihn lieber mit Hilfe einer Papprröhre oder Pappschachtel ein, die Sie so vor ihn halten, dass er hineinlaufen muss.

Rücksicht und Vorsicht

Rufen Sie Ihren Hamster

Der Goldhamster wird umso zutraulicher, je behutsamer er behandelt wird. Wenn Sie sich dem Käfig oder Cricetarium nähern, rufen Sie schon nach ihm oder pfeifen Sie. Worauf reagiert er? Sprechen Sie ihn an! Auch wenn Goldhamster selber normalerweise keine Töne von sich geben, haben sie doch ein sehr feines Gehör und erkennen bald Ihre Stimme. Es kann sogar vorkommen, dass ein ganz besonders zahmes Tier aus seinem Schlafhäuschen hervorguckt, wenn es seinen Menschen hört.

Schlafmützen möchten ausschlafen

Zur Rücksicht gehört beim nachtaktiven Hamster vor allem, dass er niemals im Schlaf gestört wird. Sein Schlaf ist ihm heilig! Selbst wenn Sie einen von den Hamstern erwischt haben, die man fast nie zu Gesicht bekommt, weil er erst so gegen 22 Uhr aufwacht und sich morgens um 6 Uhr wieder zurückzieht: Lassen Sie ihn nach seinem Rhythmus leben. Ein Hamster, der immer wieder geweckt wird, steht unter ständigem Stress. Er wird mürrisch, unter Umständen sogar krank, er ist dann so schlecht gelaunt und nervös, dass er bissig werden kann. Das muss vor allem Kindern klar gesagt werden, dass sich das ohnehin nicht lange Leben des Hamsters durch die Störung seines Schlafs noch mehr verkürzen kann.

Check

Ist mein Hamster gesund?

- Der Hamster macht einen aufmerksamen, munteren Eindruck. Er hat weit geöffnete, rundum saubere, glänzende Augen. Sie tränen nicht und sind nicht verklebt.

- Er hat eine saubere, zarte und bewegliche Nase ohne Verkrustungen. Er schnupppert, er atmet normal, er niest nicht.

- Er hat saubere Ohren, die er nach dem Aufwachen entfaltet. Er reagiert auf leise Geräusche.

- Er hat einen leicht rundlichen, walzenförmigen Körper, nicht mager, nicht zu dick.

- Er hat gerade, saubere Beine und Füße, bewegt sich normal und fließend, humpelt nicht und hat keinen gewölbten Rücken. Er kann ohne Bewegungsstörungen Männchen machen.

- Sein Fell glänzt matt, weist keine kahlen Stellen, Verkrustungen oder Verklettungen auf. Er kratzt sich nicht. Bauchseite, Hinterteil und Schwänzchen sind sauber und trocken.

- Er frisst und stopft sich die Backentaschen voll.

Was Hamster gerne fressen

!

Süßigkeiten sind für Hamster gefährlich und deshalb tabu! Achten Sie beim Kauf von Futter darauf, dass es keinen Zucker in seinen verschiedenen Arten enthält, unter anderem als Glucose oder Maltose gekennzeichnet.
Kinder müssen wissen: In den Backentaschen beginnt Schokolade zu schmelzen, und die weichen Reste – genauso wie Gummibärchen – kann der Hamster nicht mehr vollständig entfernen, die Backentaschen verkleben und können sich entzünden.

Goldhamster, die sich nicht ausreichend bewegen können, werden dick und natürlich auch träger, vor allem wenn das Hamsterheim zu klein ist, dem Hamster nicht genug Möglichkeiten zur Verfügung stehen, sich auszutoben, und dann noch fettreiche Hamsterkost gefüttert wird. So ein Hamster fühlt sich nicht mehr wohl! Er will ja quirlig und munter bleiben. Die Verknüpfung von Beschäftigungsspielen und Futter macht ihm besonders viel Spaß! Ideen, wie Sie Ihren Hamster fit und gesund halten, finden Sie auf **Seite 38 und 39.**

Hamster sind Körnerfresser

Der Hamster bekommt Körner, natürlich nicht ausschließlich, aber bei ihm bilden sie das Basisfutter. Wilde Hamster knicken zum Beispiel Getreidehalme, um an die Ähren zu gelangen. Die Körner sollten frisch und keimfähig sein. Machen Sie den Test: Breiten Sie Küchenpapier in einer Schale aus, feuchten es an, streuen die Körner aus und halten sie feucht. Nach einigen Tagen müssten sich die ersten Keime zeigen. Wenn die frischen Sprossen etwa sechs Zentimeter lang sind, verfüttern Sie sie an den Hamster. Anzeichen dafür, dass es dem Hamster gut geht, sind morgens geleerte Futterverstecke so wie auch eifriges Futtersammeln und Hamstern oder dass er Ihnen hingehaltenes Futter schon fast aus der Hand reißt. Die richtige Futtermenge müssen Sie vielleicht mit der Zeit noch herausfinden. Wenn der Hamster über Nacht alles weggeputzt hat, am Morgen gar nichts übrig und auch nichts als Vorrat gehamstert ist, kann es auch mehr geben. Zu viel ist auf jeden Fall schädlich. Wiegen Sie das kleine Tier regelmäßig auf einer Fein- oder Briefwaage, vor allem, wenn Sie den Eindruck haben, dass er zu viel oder nicht genug frisst.Hamster sind empfindlich, Verdorbenes dürfen sie nicht bekommen. Und nehmen Sie Futterumstellungen langsam vor. Wenn Sie den Hamster kaufen, erkundigen Sie sich, welches Futter er bekommen hat, geben Sie ihm das zunächst weiterhin und ersetzen es nach und nach durch das neue Futter.

Das schmeckt dem Hamster

Körnerfutter

Grundlage der Ernährung ist gutes Körnerfutter: Goldhamster- oder Rattenfutter (etwa mit Garnelen), dazu Wellensittich- und Exotenfutter, Weizenkörner, grobe Haferflocken, ungesüßte Cornflakes. Wenn Sie es selbst mischen, können Sie es genau so zusammenstellen, dass der Hamster auch alles frisst.
Zum Beispiel in diesem Verhältnis: 50 Prozent Goldhamster- oder Rattenfutter, 25 Prozent Fünf- oder Sechs-Korn-Getreidemischung, 10 Prozent Wellensittichfutter, 10 Prozent Exotenfutter, 5 Prozent Haferflocken.
Dazu geben Sie wenig Mais, auch frisch, Kolbenhirse und Hirseblüten.
Außerdem füttern Sie noch: ungekochte Nudeln, Müsli (zum Beispiel Früchtemüsli), Johannisbrot, ungesüßten Zwieback, wenig Knäckebrot.

Nüsse und Kerne

Füttern Sie immer nur wenig Nüsse und Kerne, da diese viel Fett enthalten. Erdnüsse in der Schale, Hasel- und Walnüsse, Sonnenblumenkerne, Kürbiskerne frisst der Hamster gerne.

Obst

frisch: Apfel, Birne, Erdbeere, Weintrauben und Kirschen (Kerne entfernen!).
getrocknet: Rosinen, Aprikosen, Apfelringe.
Bieten Sie ihm Abwechslung.

Gemüse und Salate

Fenchel, Möhre, Paprika, wenig Brokkoli, Weizensprossen, Kürbis, Chicoree, Rote Beete.
Wichtig: Füttern Sie keinen Kohl!

Kräuter

Folgende Kräuter, die Sie selbst sammeln können, bereichern den Speiseplan Ihres Hamsters: Löwenzahn, Salbei, Schafgarbe, Beifuß, Brennnessel, Kamille, Wegerich, Gänseblümchen.
Frisches bekommt der Hamster nur am Abend. Was am Morgen übrig ist, wird entfernt.

Tierisches Eiweiß

In der Woche geben Sie dem Hamster etwa 30 Gramm tierisches Eiweiß, zum Beispiel: Mehlwürmer, Garnelen, winzige Portionen Tartar, fettarmen Jogurt, Magerquark, Grillen.

Zum Nagen

Für die ständig wachsenden Zähne des Hamsters gibt es frische Zweige – etwa Buchen- und Obstbaumzweige – und Hundekuchen (mit Fleischanteil).

Hamster richtig verstehen

Die Welt der Hamster entdecken

Die Nase – immer in Bewegung

Die Nase hat feinste Tasthaare, die zitternd vor- und zurückschwingen. Im Dunkel des Baus finden die Tiere ihren Weg und stoßen nie an, weil ihnen jede Berührung mit den Tasthaaren über die Nerven sofort signalisiert, wie der Verlauf der unterirdischen Gänge ist. Als Tier, das sich in finsteren Gangsystemen bewegt, hat der Hamster sowieso ein sehr genaues Raumempfinden. Natürlich kennt jeder Hamster seinen Weg! Er kann Duftbilder speichern. Und mit seinem ausgeprägten Geruchssinn findet er sich gut zurecht. Der ist beim Goldhamster der wichtigste Sinn. Wenn Hamster sich aufrichten, Männchen machen und den Kopf in verschiedene Richtungen wenden, tun sie das nicht etwa, um sich genauer umzuschauen. Dann sichern sie, schnuppern also sehr intensiv.

So unternehmungslustig sind die quirligen Hamster – und stets neugierig und aufmerksam. Was gibt es Neues zu entdecken? Was geschieht in der Umgebung? Wenn ein Hamster Männchen macht, sieht er besonders niedlich aus.

Der bei uns heimische Feldhamster erreicht ungefähr die Größe eines Meerschweinchens. Er ist scheu und wehrhaft. Der Feldhamster gehört zu den streng geschützten Tierarten. Zum Haustier ist nur der Goldhamster geworden.

Mit Heinz Sielmann zu den wilden Verwandten der Hamster

Die Hamsterfamilie Von allen Hamstern ist nur der Goldhamster zum echten Haustier geworden, mit allen Veränderungen, die mit der Domestizierung einhergehen. Der Goldhamster gehört zu den Mittelhamstern, seine Körperlänge beträgt etwa 18 Zentimeter. Als Labortier bot er sich bei seiner Vermehrungsrate fast an, und nachdem mit den ersten eingefangenen Hamstern gezüchtet wurde, entdeckte man ihn auch bald als Spieltier für Kinder. Es ist eine kaum vorstellbare Zahl: Pro Jahr werden allein in Deutschland Millionen von Goldhamstern verkauft.

Die recht winzigen Hamsterarten, die inzwischen vermehrt ihre Liebhaber unter den Hobbytierhaltern gefunden haben, können nicht als Haustiere gelten, noch nicht, auch wenn sie nicht mehr aus Wildfängen, sondern aus Zuchten stammen. Das sind die Zwerghamster, zu denen unter anderem der Chinesische Streifenhamster, der Dsungarische, der Campbelli und der Roborowski Zwerghamster gehören.

Die einzige bei uns heimische Art, der Europäische Feldhamster, ist kein kleines Tier, er erreicht etwa Meerschweinchengröße. Diese Tiere sind viel zu wehrhaft einerseits und zu scheu andererseits, um zum Haustier zu werden. Der Feldhamster gehört heute zu den streng geschützten Tierarten. Seinetwegen werden sogar manchmal Bauvorhaben gestoppt oder eine ganze Hamsterfamilie wird umgesiedelt.

Faltbare Ohren – feinstes Gehör

Seine Ohrmuscheln legt der Hamster im Schlaf zusammen. Das schottet ihn ab von normalen Reizen. Sobald er erwacht, entfaltet er sie bald wieder. Er hat ein sehr empfindliches Gehör. Nach dem Geruchssinn ist das Gehör für ihn am wichtigsten. Hamster hören zum Beispiel genau, wenn sich Insekten oder Würmer im Bau befinden, oder wo sie herumkriechen, wenn er nachts draußen unterwegs ist. Sogar Töne, die im Ultraschallbereich liegen, kann er wahrnehmen. In diesen höchsten Tönen rufen die Jungen nach ihrer Mutter.

Große Augen – unscharfer Blick

Wie so viele dämmerungs- und nachtaktive Tiere hat der Hamster große, etwas hervortretende Augen – ganz ähnlich denen der bei uns heimischen Bilche, etwa der Haselmaus. Gut sehen kann er deswegen aber nicht. Seine Sehschärfe ist gering, er nimmt also keine Feinheiten wahr. Was er wohl sieht, sind unterschiedliche Helligkeitsstufen und Formen. Farben kann er nicht unterscheiden. Im Sonnenlicht kann er so gut wie gar nichts mehr erkennen.

Alles meins – markieren

Zu den natürlichen Verhaltensweisen des Hamsters gehört es, ihr kleines Revier zu markieren. Jungtiere beginnen etwa mit sechs Wochen, zum ersten Mal zu markieren, also recht früh. Die Markierung erfolgt zum einen durch Kot und Urin, aber auch noch durch ein Sekret aus der Drüse des Flankenorgans. Goldhamster haben an beiden Seiten des Körpers eine kleine kahle Stelle, vom umliegenden Fell aber fast verdeckt. Mit den Pfötchen kratzen Hamster das Organ, um die Drüse dazu anzuregen, das Sekret abzusondern.

Für schlechte Zeiten – hamstern

Jeden Tag bekommt der Hamster sein Futter vorgesetzt, immer ausreichend, immer frisch. Und doch legt er Vorräte an, als ginge es darum, die nächste Trockenperiode oder den Winter zu überstehen. Wie lange diese kleinen Heimtiere nun auch schon in der Obhut der Menschen leben: Hamstern ist eine vom Instinkt gesteuerte Verhaltensweise, die über Tausende von Hamstergenerationen nicht verloren gegangen ist. Haufenweise trägt der Hamster Körner und Kerne und auch Frischfutter in sein Vorratslager, das sich meist in seinem Schlafhaus befindet. Entfernen Sie daraus regelmäßig die Reste von Frischfutter, denn feuchtes Futter schimmelt und verdirbt und ist schädlich für den Hamster.

Winterschlaf – beobachten Sie Ihren Kurzschläfer!

Wie überwintern Goldhamster? Die Wildhamster fallen bei ungünstiger Witterung – sobald die Temperatur längere Zeit unter 15 Grad Celsius fällt – in einen Winterschlaf, aus dem sie in Abständen erwachen. Sie sind Kurzschläfer. Sie ernähren sich von den gehorteten Vorräten. Auch beim Heimtier Goldhamster lassen sich manch-

Ständig beschäftigt und unterwegs! Aber auch ein Goldhamster hat Zeiten, in denen er zwar wach, aber nicht so munter ist. Das kann von der Umgebungstemperatur abhängen. Bei uns legen Hamster selten längere Schlafzeiten ein.

mal jahreszeitliche Veränderungen feststellen. Beobachten Sie Ihren Hamster unter diesem Aspekt genauer. Wenn die Tage kürzer werden oder wenn es kälter wird: Schläft er dann länger? Kommt er später zum Vorschein oder zieht er sich früher zurück? Frisst er mehr oder hortet er mehr Futter? Es scheint so zu sein, dass als Heimtier gehaltene Goldhamster eher dann längere Schlafphasen haben, wenn wir Menschen die Heizperiode beenden und die Fenster wieder für längere Zeit öffnen. Die Veränderung der Umgebungstemperatur nimmt der Hamster stärker wahr als wir.

Wie ein Hamster spricht

Der Goldhamster gibt zwar kaum Laute von sich, aber er kann sich eindeutig durch sein Verhalten und seine Körpersprache ausdrücken. Sie werden beim Beobachten bald bemerken, wie sich der Hamster in bestimmten Situationen verhält. Was bedeuten die verschiedenen Verhaltensweisen, und wie reagieren Sie richtig darauf? Hier finden Sie die Antworten!

Ausgeschlafen

Der Hamster blinzelt, seine Ohren sind zusammengefaltet, er hat ein etwas struppiges Fell:

> Er ist gerade aufgewacht und hat noch Waschen und Putzen vor sich.
> Lassen Sie ihn in Ruhe aufwachen und zu sich kommen und alles erledigen.

Männchen machen

Der Hamster stellt sich auf die Hinterbeine:

> Er orientiert sich.
> Sprechen Sie ihn mit freundlicher Stimme an.

Wühlen und springen

Der Hamster wühlt in der Einstreu oder er macht Luftsprünge:

> Er fühlt sich wohl.
> Sie brauchen sich nicht einzumischen, er beschäftigt sich gerade sehr gut mit sich selbst.

Wenn der Hamster am Abend aus seinem Häuschen kommt, muss er erst einmal ganz wach werden. Dann braucht er also noch etwas Ruhe, um so richtig zu sich zu kommen. Und dabei möchte er auch nicht gerne gestört werden. Warten Sie ab ...

... denn es dauert nicht lange, und er läuft los, manchmal schiebt er sich dabei vorsichtig über den Boden. Manchmal verhaart er still und horcht, und manchmal muss er seine Umgebung noch erkunden und reckt die Nase in die Luft.

Recken und strecken

Der Hamster reckt sich, er gähnt oder er liegt lang ausgestreckt da:

> Er ist entspannt und hat Vertrauen.
> Lassen Sie ihn in Ruhe, wenn er gerade sein Wohlbehagen zeigt.

In der Hocke

Der Hamster hockt auf den Hinterbeinen, Vorderpfoten hängen herab:

> Er ist entspannt und neugierig.
> Sie könnten jetzt versuchen, sich mit ihm zu beschäftigen.

Gespitzte Ohren

Der Hamster hat die Ohren aufgerichtet:

> Er ist aufmerksam, offen und dabei entspannt.
> So ist der Hamster fast immer bereit für Anregungen oder Spiele oder Freilauf.

Kriechen

Der Hamster legt die Ohren nach hinten:
Oder er schleicht fast auf dem Bauch vorwärts:

> Er hat Angst oder ist unsicher.
> In beiden Fällen bringen Sie ihn zurück in sein Hamsterheim oder Sie bieten ihm Sicherheit etwa durch eine dunkle Röhre, in die er sich zurückziehen kann.

Knurren, brummen, fauchen

Der Hamster knurrt oder brummt leise oder er faucht:

> Er droht, er fühlt sich bedroht oder belästigt.

Zähneklappern

Der Hamster klappert mit den Zähnen:

> Er zeigt eine deutliche Warnung: Finger weg!

Aufstellen und Backen aufblasen

Der Hamster stellt sich auf die Hinterbeine, er bläst die Backen auf, er zeigt seinen Brustfleck:

> Er ist wütend, und er greift gleich an! Er könnte sogar springen und beißen.

Auf den Rücken werfen

Der Hamster wirft sich auf den Rücken, faucht, klappert mit den Zähnen, streckt seine Krallen nach vorn:

> Er ist höchst aggressiv und in absoluter Abwehrstellung.

Oder der Hamster wirft sich auf den Rücken und erstarrt:

> Letzte Rettung, er fällt in Schreckstarre.

Manchmal wirkt der Hamster auch unsicher, dann unterbricht er seine Beschäftigung und schnuppert intensiv. Wenn er sehr ängstlich ist, lässt er sich vielleicht beruhigen. Wenn er wütend ist, sollte er besser in Ruhe gelassen werden.

> In allen diesen Situationen, wenn der Hamster wütend ist oder zeigt, dass er sich belästigt fühlt, lassen Sie ihn in Ruhe, ziehen Sie sich zurück. Bieten Sie ihm nach einer Weile einen Leckerbissen an. Ein Hamster, der sich so verhalten hat, muss wieder beruhigt oder versöhnt werden.

Schwänzchen hochrecken

Der Hamster reckt sein Schwänzchen in die Höhe:

> Ist es eine Hamsterdame, ist sie bereit zu Paarung.
> Das Verhalten wird auch gezeigt, um eine Höherstellung im Rang zu demonstrieren.

schon gewusst?

Wenn der Hamster beißt – Ursachen und wie Sie richtig reagieren

Hat Ihr Hamster Sie schon gebissen? Meistens passiert ihm das aus Versehen, wenn er gerade sehr gierig ist und Ihren hingehaltenen Finger mit etwas Fressbarem verwechselt. Aber dann bemerkt er seinen Irrtum schnell und beißt nur selten fester zu.

Anders ist das, wenn der Hamster Angst hat und Sie versuchen, ihn zu beruhigen. Aber beruhigen lässt sich so ein kleines Tier nicht! In diesen Situationen kann er auch sehr kräftig zubeißen und hängt mit den Zähnen an Ihrem Finger. Auch wenn Ihre erste Reaktion Erschrecken ist, schütteln Sie ihn nicht ab. Er lässt wieder los, aber unblutig für Sie verläuft die Sache dann nicht mehr. Desinfizieren Sie die Wunde. Sollte der Finger deutlich anschwellen, gehen Sie vorsichtshalber zum Arzt.

Ungewöhnliches Verhalten

Tiere, die ihr angeborenes Verhalten nicht ausleben können, entwickeln häufig sogenannte Stereotypien, das heißt sinnlos erscheinende, immer wiederkehrende Verhaltensweisen. Früher waren sie zum Beispiel bei Zootieren zu beobachten, die nur an den Gitterstäben im Käfig hin- und herliefen. Sie behielten diese eingefahrene Schrittfolge auch dann noch bei, wenn sie in ein großes Gehege umgesetzt wurden.

Auch bei Hamstern können solche Verhaltensstörungen vorkommen. Es gibt Tiere, die wie verrückt in einer Ecke des Geheges herumbuddeln, bis die Einstreu dort völlig beiseite gescharrt ist. Wenn sich Ihr Hamster so verhält, fehlt ihm die Möglichkeit zum Graben. Besorgen Sie einen Käfig, in dem Sie die Einstreu tiefer schichten können. Aber auch dann dauert es noch eine Weile, bis das Tier dieses Verhalten wieder ablegt.

Und ganz ähnlich ist es mit dem Gitternagen. Wenn Ihr Hamster die Gitterstäbe benagt, ist der Käfig zu klein! Dagegen hilft nur, das Tier in ein großes Gehege oder Cricetarium umzusiedeln und für viele Beschäftigungsmöglichkeiten durch Käfigzubehör zu sorgen! Ideen finden Sie ab Seite 34.

Test:

Wie gut kenne ich meinen Hamster?

Beantworten Sie alle Fragen durch Ankreuzen der Kästchen in der Abstufung von

1 (trifft völlig zu) oder

2 (trifft eher zu) oder

3 (trifft weniger zu) bis

4 (trifft gar nicht zu).

1	Ich weiß ziemlich genau, wann mein Hamster wach wird.	1	2	3	4
2	Und ich kenne auch seinen Rhythmus und weiß, wann er sich zum Tagesschlaf wieder zurückzieht.	1	2	3	4
3	Die Aktivitätszeiten meines Hamsters stimmen mit meinen ganz gut überein.	1	2	3	4
4	Mein Hamster wird auch tagsüber manchmal wach.	1	2	3	4
5	Wenn mein Hamster wach wird, läuft bei ihm zuerst ein Ritual ab – von Strecken bis Putzen.	1	2	3	4
6	Mein Hamster kommt schon mal tagsüber aus seinem Schlafhaus, wenn ich mich in seiner Nähe beschäftige.	1	2	3	4
7	Er macht Männchen, wenn ich nicht gleich zu ihm gehe.	1	2	3	4
8	Mein Hamster kommt und schnuppert, wenn ich ihm die Hand hinhalte.	1	2	3	4
9	Mein Hamster läuft neugierig heran, wenn ich in seinem Käfig oder Cricetarium etwas verändere.	1	2	3	4
10	Wenn ich ihm Quark oder Jogurt auf dem Finger anbiete, leckt mein Hamster ihn ab.	1	2	3	4
11	Mein Hamster kommt auf meine Hand.	1	2	3	4
12	Mein Hamster bleibt auf der Hand sitzen, um dort gleich etwas zu fressen.	1	2	3	4
13	Mein Hamster lässt sich streicheln.	1	2	3	4
14	Mein Hamster hat mich schon mal (aus Versehen) gebissen.	1	2	3	4
15	Mein Hamster hat mich schon mal wütend angefaucht.	1	2	3	4

Zählen Sie nun Ihre Punkte zusammen.

15 bis 26 Punkte:
Sie kennen sich sehr gut! Sie haben Ihren Goldhamster sicher von Anfang an gut beobachtet, wissen ziemlich genau, wie er sich verhält und respektieren die Lebensweise des kleinen Einzelgängers und Nachtschwärmers. Umgekehrt hat sich Ihr Goldhamster sehr an Sie gewöhnt und ist sehr zutraulich. Schön für Sie beide!

27 bis 36 Punkte:
Sie kennen sich schon gut, die Voraussetzungen scheinen zu stimmen, aber Sie könnten sich noch besser kennen lernen, wenn Sie etwas mehr Zeit für Ihren Goldhamster aufbringen. Halten Sie ihm die Hand hin und warten ab. Und dann bleiben Sie auch eine ganze Weile bei ihm.

37 bis 49 Punkte:
Sie kennen sich nicht so gut. Mit Geduld wird mehr daraus. Vor allem: Warten Sie ab, was Ihr Hamster macht. Gehen Sie immer wieder hin, ohne ihn zu stören, und bleiben Sie länger am Käfig oder Cricetarium, wenn er aufgewacht ist. Vielleicht führen Sie mal ein Hamster-Tagebuch? Obwohl es bei ihm besser Nachtbuch heißen würde.

49 bis 60 Punkte:
Schade, Sie scheinen Ihren Goldhamster nicht so richtig zu kennen. Haben Sie ihn noch nicht lange? Dann haben Sie jetzt die Chance zum besseren Kennenlernen! Fangen Sie mit längeren Beobachtungen an, bei denen Sie den Hamster ganz in Ruhe lassen. Wenn Sie seine Verhaltensweisen einigermaßen vorhersehen können, haben Sie einen großen Schritt zum besseren Verständnis gemacht.

Spielideen für neugierige Hamster
> 34

Mit Heinz Sielmann zu den wilden Verwandten der Hamster
> 37, 41, 47

Futterspiele – schlemmen und fit bleiben
> 38

So wird Spielen zum Abenteuer
> 40

Wir spielen zusammen

Was Hamster gerne machen

Spielideen für neugierige Hamster

Wie kann ein so kleines Tier wie der Goldhamster eigentlich den Menschen wahrnehmen? Nähe und Kontakt entstehen über die Hände, und jedes Spielen beschränkt sich auch darauf. Spielen heißt, sich mit dem Hamster zu beschäftigen oder ihm Beschäftigungsmöglichkeiten anzubieten und ihm Anregungen zu geben. Hier finden Sie viele Ideen. Viel Spaß!

Bewegungsspiele

Rennen, graben, hamstern

Haben Sie Ihren Hamster schon eine Weile beobachtet und seine verschiedenen Verhaltensweisen und Fähigkeiten kennen gelernt? Wissen Sie, wie seine Sinne funktionieren? Und vor allem: Erkennen Sie, wie ausgeprägt oder eingeschränkt seine ganze Motorik ist? Womit beschäftigt sich der Goldhamster die ganze Nacht, wenn er wach ist? Woran können Sie anknüpfen, um ihm artgerechte Anregungen zu geben? Der Goldhamster ist ein sehr lebhaftes Tier: Er rennt, er gräbt, natürlich trägt er eifrig Vorräte in seine Speisekammer. Aus allen diesen Tätigkeiten ergeben sich schon die schönsten Beschäftigungsideen: Durch Spiele fordern Sie ihn zu sportlicher Aktivität heraus.

Kraxelmaxe – Kletterpartien

Gute Kletterer – so wie etwa Eichhörnchen – sind Goldhamster nicht, aber es zieht sie hoch hinauf. Gestalten Sie für Ihren Hamster eine Berglandschaft im Miniaturformat aus Steinen. Ziegel eignen sich am besten, weil sie sich aufstapeln lassen. Denn die Konstruktion muss in sich stabil sein, da darf nichts wackeln und schon gar nichts einstürzen. Wenn die Höhenunterschiede zwischen den kleinen Felsvorsprüngen ganz unterschiedlich sind, muss sich der Hamster strecken, um den nächsten Absatz zu erreichen.
Eine andere Möglichkeit ist es, einen Klettersteig zu bauen: Auf Baumstämmchen, Durchmesser vier bis fünf Zentimeter, tackern Sie kleine Plattformen aus Hölzern im Format acht mal acht

schon gewusst?

Hamster können abstürzen!

Schützen Sie den Hamster bei Kletterspielen vor Abstürzen! Beobachten und sichern Sie Ihr Tier unbedingt. Es ist wichtig zu wissen, dass der Hamster zwar gewandt ist, solange es aufwärts geht, dass er aber nicht in der Lage ist, mit derselben Geschicklichkeit wieder abzusteigen! Und überblicken, wo es langgeht, kann er mit seinem schwachen Gesichtssinn (siehe Seite 24) sowieso nicht. Zur Sicherheit sollte für den Hamster bei Kletterspielen unten eine dicke Schicht Heu liegen oder eine Handtuchhängematte angebracht werden, wie für Hochseilartisten ein Netz!

Zentimeter fest. Ein Stämmchen ist jeweils um vier Zentimeter höher als das vorige, beginnen Sie mit etwa fünf Zentimeter Höhe. Schrauben Sie alle hintereinander auf ein dickes Brett und stellen Sie den Klettersteig so auf, dass er nicht umfallen kann. Höher als zwanzig Zentimeter sollte er nicht sein.

Hangeln

In den Vorderbeinen und im Schulterbereich hat der Goldhamster kräftige Muskeln. Hängt vor ihm eine Gardine bis auf den Boden, fängt er schon bald damit an, sich daran hinaufzuhangeln. Dann wird das kleine Tier zu einem perfekten Freeclimber! Mancher verloren geglaubte Hamster saß auf der Gardinenstange. Bringen Sie im Hamsterheim zum Hangeln ein dickes Seil an, durchhängend von einer Ecke in die andere gespannt.

Über Weidenbrücken rennen, hin und wieder zurück, auf Leitern klettern – der Hamster kann richtig schnell werden. Gewandt ist er auch und kann seinen kleinen Körper biegen und wenden – und auch in schmalste Ritzen zwängen.

!

Ein Garten oder Balkon sind nicht geeignet für den Goldhamster. Da er Tageslicht scheut und offene Flächen nicht gern überquert, fühlt er sich im Freien überhaupt nicht wohl, auch nicht in einem rundum abgesicherten Gehege.

Ein Sandbad könnte dem Goldhamster Spaß machen. Es ist auch gut für die Pflege seines weichen Fells. Ganz sicher wühlen Hamster gern im frischen grünen Heu und in der Einstreu, und sie können dort richtige kleine Gänge anlegen.

Buddeln und wühlen

Immer wenn Sie den Käfig oder das Cricetarium gereinigt haben, beginnt der Goldhamster damit, sich sofort wieder eifrig durch die Einstreu zu buddeln und neue Gänge anzulegen. Nichts ist ihm lieber, als wenn er richtig buddeln kann. Sich durch eine Schicht wühlen zu können, ist für den Hamster fast noch wichtiger als mehrere Ebenen im Käfig zu haben. Das Anlegen von Gängen gehört zu seinem natürlichen Verhalten. Hamster, die unentwegt in einer Käfigecke scharren, haben eine sogenannte Stereotypie (siehe Seite 29) entwickelt, weil ihnen die Möglichkeit zum Ausagieren des Wühltriebs fehlt.

Spaß im Sand – Sandbäder

Stellen Sie für Ihren Hamster immer ein Sandbad auf. Geeignet ist Chinchillasand. Das Substrat ist fein genug fürs Hamsterfell. Vogelsand oder noch so feinkörniger Strandsand ist nicht geeignet und könnte den Hamster sogar gefährden. Es ist ein Zeichen von Wohlbefinden, wenn sich der Hamster in den Sand wirft und sich darin wälzt, damit er von allen Seiten und bis zum Rücken von Sand bedeckt ist. Nicht jeder Hamster nutzt das Sandbad, aber fehlen sollte es nicht, vielleicht wird der Sandbadspaß ja doch irgendwann entdeckt.

Graben, wühlen und buddeln müssen Hamster, das ist ein angeborenes Verhalten, das auch das Haustier noch zeigt. Die zart wirkenden Pfötchen sind recht kräftig. So leicht wie in der lockeren Einstreu ist das Scharren in der Erde nicht.

Mit Heinz Sielmann zu den wilden Verwandten der Hamster

Ein Leben im Untergrund

Zoologisch gesehen gehören Goldhamster zu den Nagetieren und unter ihnen zu den Wühlern, den Cricetidae. So wie die bei uns heimische Feldmaus, die ja auch Wühlmaus genannt wird. (Die unterscheiden sich von Echten Mäusen unter anderem durch einen kürzeren Schwanz.) Sie werden aus gutem Grund so bezeichnet, denn die Tiere dieser Familie wühlen wirklich: Sie legen Erdbaue in unterschiedlicher Tiefe an. Es ist allerdings anzuzweifeln, dass Israel Aharoni die Goldhamster aus einem Bau ausgrub, der sich zweieinhalb Meter tief im Boden befand. Bei ihren Freilandforschungen haben Professor Gattermann und sein Team nur eine Bautiefe von durchschnittlich einem Meter vorgefunden.

Beim Goldhamster ist schon der Körperbau ein Hinweis auf seine Lebensweise im Untergrund. Er hat einen muskulösen, walzenförmigen Körper und relativ kurze Beine, angepasst daran, dass er durch Röhren und Gänge läuft. Wie der Maulwurf hat er ein kurzes, samtartiges Fell; beim Maulwurf fällt noch auf, dass es keinen „Strich", also keine Wuchsrichtung aufweist. Das macht im Bau Wendungen und Rückwärtsbewegungen leichter.
Die Gänge legt der Goldhamster selbst an. Er hat ziemlich harte Krallen, die Pfoten sind nackt und haben eine kräftige Hornhaut, der Daumen ist zurückgebildet. So zart seine Pfötchen wirken: Damit lockert er die Erde auf, schiebt sie nach hinten in einer Bewegung, die Scharrgraben genannt wird.

Futterspiele – schlemmen und fit bleiben

Legen Sie trockenes Futter wie Körner nicht in einen Napf, aus dem sich der Hamster dann nur noch bedient. Verteilen Sie es statt dessen an verschiedenen Stellen überall im Käfig oder Cricetarium. Damit kleinere Samen und Körner bei diesem Suchspiel nicht verloren gehen, verpacken Sie sie: In einem Heubällchen, in einer halben Walnussschale, in einem Papiertaschentuch, in der Vertiefung eines Eierkartons. Legen Sie diese Portionen dann in die Einstreu oder auf das Dach des Häuschens, in die Hängematte, auf einen Stein.

Größere trockene Stücke wie etwa Nüsse oder Nudeln können Sie auch gleich in der Einstreu verstecken. Erdnüsse und Kürbiskerne lassen Sie in der Schale, die nagt der Hamster schon selbst auf. Alles, was ihn beschäftigt und wofür er in Bewegung bleibt, tut ihm nur gut. Häufeln Sie an einer Stelle im Käfig einen Heuberg oder trockene Blätter auf und verstecken Sie darin einen Leckerbissen, zum Beispiel ein Stück Fenchel.

Bringen Sie einen kräftigen Ast in etwa zehn Zentimeter Höhe an oder stellen Sie einen Birkenast aus dem Zoofachhandel so auf, dass der Hamster sich hinaufhangelt, um an Futter zu kommen. Sie können auch Blätter von Löwenzahn, Petersilie und Wegerich zu einem Sträußchen zusammenbinden und so aufhängen, dass sich der Hamster strecken muss, um es zu erreichen. Frische Zweige hängen Sie ebenfalls auf, zum Beispiel von Hasel, Erle, Birke oder von Obstbäumen. Besonders gut schmecken sie, wenn die Knospen von Blüten oder Blättern hervorbrechen.

Säen Sie in einer flachen Schale eine Weizenwiese aus. Damit sich der Hamster nicht in die Mitte setzt, verteilen Sie Samen oder Körner beim Aussäen so, dass dazwischen Freiräume als kleine Wege bleiben, wenn alles sprießt. Oder legen Sie dem Hamster einen ganzen Apfel hin. Beobachten Sie, wie er sich durch die Schale frisst.

Schneiden Sie mitten in eine Möhrenscheibe, in Stücke von Apfel, Fenchel, Gurke, Roter Beete und Knäckebrot ein Loch. Fädeln Sie das alles und dazu noch eine Nudel – gut geeignet sind Tagliatelle – und ein Hundeleckerchen mit Loch in der Mitte auf ein Seil. Hängen Sie es auf und spannen Sie es so, dass es noch etwas durchhängt. Wie lange braucht der Hamster, bis er alles abgeerntet hat?
Oder geben Sie ihm eine Möhre. Stücke welcher Größe trägt er im Ganzen in sein Vorratslager? Welche zerkleinert er und wie groß sind die Stückchen, die er noch tragen kann?

Wenn Ihr Hamster in einem Cricetarium oder einem Gehege wohnt, aus dem sie nicht entwischen kann: Setzen Sie ab und zu eine Grille hinein, die er sich selbst fangen muss. Beobachten Sie ihn dabei: Wie findet er sie und wie orientiert er sich bei dieser Jagd? Auch Mehlwürmer oder die Mehlkäfer können Sie auf die Einstreu legen. Jogurt oder Quark schleckt der Hamster am besten immer gleich vom Finger ab.

So wird Spielen zum Abenteuer

Der Goldhamster lässt sich in seiner neugierigen Art gerne auf neues Spielzeug und auf Anregungen ein. Es gibt gutes Zubehör im Zoofachhandel, an dem der Hamster etwas entdecken kann. Das hält ihn munter und fit.

Anregung für die Sinne

Womit können Sie Ihren Hamster, der so gerne wühlt, erfreuen? Bringen Sie ihm doch mal Boden aus dem Laub- oder Nadelwald oder Gartenerde mit oder eine andere Einstreu aus der Natur. Allerdings nur keimfrei gemacht und getrocknet! Breiten Sie den Boden oder die Erde auf einem Backblech aus, stellen Sie es bei 200 Grad (nicht mit Umluft und gut beobachten) für eine Stunde in den Backofen. Oder legen Sie am Abend vor der großen Käfigreinigung ein Grasbüschel mit Wurzeln und Erde in das Gehege, auf einen Untersetzer für Blumentöpfe. Damit kann er sich lange beschäftigen. Wie viel es daran zu schnuppern und zu entdecken gibt! Wechseln Sie übrigens die komplette Einstreu nicht so oft, je nach Käfiggröße alle zwei bis vier Wochen. Entfernen Sie aber jeden Tag die verschmutzte Einstreu aus der Ecke, die der Hamster als Toilette nutzt. Und auch die kleinen trockenen Kotkügelchen sammeln Sie täglich ab.

Nestmaterial

Im Käfig breiten Sie das Nestmaterial für Ihren Hamster, zum Beispiel ein Büschel Heu, Haushaltspapier oder unparfümierte Papiertaschentücher, nur aus. Verteilen Sie es überall, legen Sie es nicht gleich in sein Häuschen. Er sucht es sich dann schon selbst zusammen. Beobachten Sie ihn: Wie er mit Hilfe der Pfoten alles in seinem kleinen Schnäuzchen zusammenrafft und wegträgt, mit erhobenem Köpfchen und eiligen Schritten.

Mitbringsel aus dem Wald

Sehen Sie sich auf Spaziergängen in Wald und Flur mit Hamsterblick um. Wo liegen Holzreste zum Klettern? Welche Zweige sind zum Nagen gut? Welcher Ast ergäbe eine gute Treppe? Achten Sie bei allen Mitbringseln darauf, dass nichts verschmutzt ist, etwa durch Vogelkot. Auch wenn Sie Wildkräuter mitbringen, sammeln Sie nichts von Straßenrändern, Bahndämmen, gespritzten oder gedüngten Feldern und Wiesen und nichts von Hundeauslaufflächen.

Ursprünglich ein Tier aus Syrien – aber der Goldhamster hat sich gut eingelebt in seinem Hamsterheim bei den Menschen. Da wird er immer gut gefüttert und gilt nicht als Schädling, der Feldfrüchte als Vorrat in seinem Bau hamstert.

Mit Heinz Sielmann zu den wilden Verwandten der Hamster

Wo sie wohnen, wie sie leben

Anders als noch manchmal angenommen wird, stammen Goldhamster nicht aus der Wüste. Der Teil von Syrien, in dem die Tiere entdeckt wurden und bis heute beobachtet werden, die aleppinische Hochebene, ist keine unfruchtbare Landschaft.

Genau wie der Feldhamster siedelt auch der Goldhamster in Gebieten, die von den Menschen bewirtschaftet werden. Und seine unterirdischen Gänge legt er inmitten der Felder und Äcker an. Dort findet er ausreichend Nahrung. Aber dort ist er auch besonders gefährdet.

Die Tagestemperaturen erreichen im Sommer weit über dreißig Grad Celsius. In den Nächten wird es sehr viel kühler, da kann das Thermometer schon auf unter zehn Grad Celsius bis einige Grad über Null sinken. Den heißen Tag verbringen Goldhamster schlafend in ihrem Bau, wo es bei erträglichen Temperaturen bleibt und dann auch nachts nicht so stark abkühlt wie außerhalb des Baus.

In der Nacht kommt der Hamster zum Vorschein, macht sich auf den Weg, um seine Futtervorräte zu sammeln, und dabei bedient er sich auch von den Feldfrüchten. Aus diesem Grund gilt er in Syrien als Schädling. Aber ein Großteil der Nahrung wilder Hamster besteht aus tierischem Eiweiß. Forscher nehmen an, dass es bis zu sechzig Prozent sind.

So entsteht ein Abenteuer-spielplatz

Trennen Sie im Zimmer eine großzügige Ecke ab oder lassen Sie den Goldhamster nur in einem ganz und gar sicheren Raum laufen, niemals in der ganzen Wohnung! Dann bauen Sie ihm ein Labyrinth auf. Höhlen aller Art dürfen nicht fehlen, etwa aus Kork. Versandröhren verbinden Sie kreuz und quer miteinander, in Schachteln schneiden Sie Löcher. Vergessen Sie nicht die blind endenden Gänge! Und stellen Sie auch kleine Hindernisse auf, zum Beispiel eine Barriere aus einem Holzscheit.

Legen Sie aus den unterschiedlichsten Materialien und Gegenständen ein ebenso verzweigtes wie verzwicktes Labyrinth auf den Boden. Spaß macht es, wenn der Hamster dabei durch Röhren oder Halbröhren laufen kann und dann wieder zum Vorschein kommt, anschließend um eine Ecke geleitet wird, danach seinen Weg über Wurzel- oder andere -hölzer oder über Ziegelsteine suchen muss. Auch hier können Sie wieder Versandröhren nehmen, in die Sie in Abständen Löcher schneiden, aus denen der Hamster auftauchen kann. Alles muss sicher liegen, die Röhren dürfen nicht rollen!

Bauen Sie Brücken und Röhren auf gerader Strecke im Wechsel so auf, dass der Weg für den Hamster mal darüber und mal darunter führt. Das fördert seine Beweglichkeit. Allerdings müssen Sie beim Anlegen dieser Strecke darauf achten, dass er seinen Rücken an keiner Stelle sehr krümmen muss. Stoppen Sie doch mal die Zeit, die der Hamster braucht, um die ganze Strecke zurückzulegen. Locken Sie ihn mit kleinen Leckerbissen.

Wie verhält sich der Hamster beim Laufen über wechselnden Untergrund? Stellen und legen Sie hintereinander eine Baumscheibe, ein Stück Kork oder Baumrinde auf und dazwischen immer wieder Behältnisse in verschiedener Größe und mit verschiedener Füllung: mit Chinchillasand, mit unterschiedlicher Einstreu wie Heideboden, Hanfstreu, Waldboden, Heuwiese, Löwenzahnwiese. Was macht der Hamster? Wo bleibt er länger? Was meidet er? Und überraschen Sie ihn am Ende der Strecke mit einer Wiese aus gekeimten Weizensprossen oder Katzengras.

Da Hamster gut und gerne hangeln: Stellen Sie ihm zwei Türmchen auf und spannen Sie ein Seil von dem einen zum anderen. Oder hängen Sie ein abgeschnittenes Hosenbein auf. Ziehen Sie dafür ein dickeres Seil hindurch und befestigen das Seil an zwei Ecken. Das Hosenbein hängt so tief herab, dass der Hamster bequem einsteigen kann. Alles muss sicher angebracht werden. Es ist gar nicht so einfach für ihn, die Balance zu halten und sich durchzuzwängen.

Sie können auch ein altes, oft gewaschenes Handtuch verwenden, das Sie mit allen vier Enden aufhängen. So entsteht eine Art Hängematte, auf der der Hamster laufen kann.
Eine weitere Möglichkeit ist, eine Socke aus dicker Wolle (möglichst große Norwegersocken sind gut geeignet) zum Hangeln und Hineinkriechen aufzuhängen. Krempeln Sie die Socke etwas um und bringen Sie sie leicht schräg an, sie sollte eher waagerecht hängen. Achten Sie darauf, dass die Socke intakt ist, damit sich der Hamster nicht in losen Wollfäden verhakt.

Freilauf für den Hamster

Freilauf von Zimmer zu Zimmer in der Wohnung ist für einen Hamster viel zu gefährlich, auch unter Aufsicht! Selbst in einem für uns überschaubaren Raum können Gefahren lauern. Ein großes Hamsterheim mit mehreren Ebenen und dazu mehrere abwechslungsreich gestaltete Tummelplätze sind für das kleine Tier angemessener. Aber da Hamster sehr bewegungsfreudig sind, muss auch ein Ausflug möglich sein, zum Beispiel in einem langen Flur. Räumen Sie alle Gefahrenquellen aus dem Weg und der Langstreckenlauf kann beginnen.

Langstreckenlauf

Können Sie für Ihren Goldhamster eine Laufstrecke anlegen, etwa in einem mehrere Meter langen Flur? Dafür müssen die Voraussetzungen stimmen. Der Untergrund darf nicht glatt sein, kein Parkett oder Laminat, da rutscht ein Hamster leicht weg. Auch Teppichboden mit Schlingen kann gefährlich werden, der Hamster kann mit den Zehen hängen bleiben. In beiden Fällen kommt es zu ausgekugelten Gelenken. Ausgebreitete Decken oder Maisstrohmatten sind am besten. Da sich der Hamster nicht gerne mitten in einem Raum bewegt, verläuft die etwa zwanzig Zentimeter breite Rennstrecke direkt an der Wand und wird zur anderen Seite hin mit einer Barriere abgesichert. Wenn Sie in Abständen Leckerbissen auslegen, führen Sie den Hamster auf die richtige Spur. Beobachten Sie ihn die ganze Zeit.

Wenn der Hamster verschwunden ist

Das kommt leider immer wieder vor, dass es einem Hamster gelingt, aus seinem Käfig oder Cricetarium auszubrechen oder dass er beim Freilauf verschwindet. Er kann sich ganz flach machen, und er kann sich durch kleine Zwischenräume quetschen. Alle Löcher, Höhlen, Ritzen ziehen ihn magisch an. Wo der Hamsterkopf durchpasst, passt auch der ganze Hamster durch. Kontrollieren Sie, wo Spalten oder Einschlupflöcher sind.

Tipp

Ausreißer wieder finden

Wie finden Sie Ihren Hamster jemals wieder, wenn er beim Freilauf verschwunden ist? Stellen Sie am Abend in jedes Zimmer einen Karton mit Futter und Nistmaterial. Schließen Sie alle Türen. Am Morgen wissen Sie schon, in welchem Zimmer der Hamster sich aufhält: Das Futter ist weg! Und wenn Sie Glück haben, schläft er im Karton. Wenn nicht: Legen Sie sich in der nächsten Nacht auf die Lauer und fangen ihn ein, wenn er im Karton nach Futter sucht (Seite 18).

Check

Gefahren beim Freilauf vermeiden

- Frei liegende Kabel verdecken und Steckdosen sichern .
- Zimmerpflanzen in einen anderen Raum bringen. Keine Vasen, hohen Gefäße oder Gefäße mit Wasser aufstellen.
- Alle Schubladen, Schranktüren, Fenster schließen. Keine herabhängenden Gardinen.
- Halten Sie die Tür geschlossen, wenn der Hamster läuft. Oder öffnen Sie sie weit und versperren den Durchgang mit einem Brett oder einer stabilen Pappe.
- Öffnen und schließen Sie nie die Tür, gehen Sie nicht einen Schritt, setzen Sie sich nicht hin, bevor Sie den Hamster nicht im Blick haben.
- Der Boden darf nicht kalt und nicht rutschig sein, ein Teppichboden darf keine Schlaufen haben.
- Nichts auf dem Boden liegen lassen, z. B. Nadeln, Splitter, Pins, Metallteile.
- Achten Sie auf Verstecke und Unterschlupfe, etwa Schuhe, und auf Einschlupflöcher an der Unterseite von Sesseln, dem Sofa oder zwischen den Polstern.

Das Laufrad

Gegen das Laufrad im Hamsterheim ist nichts einzuwenden, es muss aber unbedingt das richtige sein! Die Verletzungsgefahr in vielen Laufrädern ist sehr groß! Der Hamster kann sich mit den Pfötchen in den Sprossen verfangen, an der Achse und an den Querstreben eingeklemmt und gequetscht werden.

So sieht ein ungefährliches Laufrad aus

> An der Achsseite ist es völlig geschlossen.
> An der Einstiegseite ist es ganz offen oder hat eine geschlossene Front mit mehreren Öffnungen, aber es hat keine Verstrebungen.
> Der Durchmesser für ein Goldhamster-Laufrad beträgt 30 Zentimeter. Wenn das Laufrad kleiner ist, verbiegt der Hamster das Rückgrat zu stark, wenn er darin läuft.
> Die Lauffläche besteht nicht aus Gitterstäben, sondern ist durchgehend aus Holzssprossen oder rutschfestem Kunststoffboden.
> Auch wenn sich die Suche hinzieht: Halten Sie im Zoofachhandel Ausschau nach einem Laufrad, das diesen Anforderungen entspricht. Es sollte außerdem ein Kugellager haben! Da quietscht dann auch nichts.

Im Laufrad bewegen sich die Tiere gern, aber es muss das richtige sein! Und es darf nicht das einzige Spielzeug in ihrem Zuhause sein. Die Auswahl ist groß, es gibt sehr gutes, abwechslungsreiches und auch artgerechtes Zubehör.

Kein Plastikzubehör!

Es gibt Röhrensysteme, Hamsterautos, Hamsterkugeln aus Kunststoff. Die sind für Ihren Hamster verboten! Darin sammeln sich wie im Plastikkäfig Kondenswasser und Schmutz an. Zum anderen kann der Hamster seine Umgebung nicht mehr wahrnehmen. Er ist hermetisch abgeschlossen. Wie sein empfindliches Gehör die Geräusche von außen aufnimmt, lässt sich nur erahnen. Sein Geruchssinn vermittelt ihm nichts! Er gerät in Atemnot. Seine Tasthaare stoßen an. Er hat keinen Einfluss auf die Bewegungen. Die Verletzungsgefahr ist groß. Dieses „Spielzeug" ist nicht bloß unbrauchbar, es handelt sich dabei vielmehr um Folterinstrumente, die von Tierärzten als tierschutzwidrig eingestuft werden und eindeutig ein Verstoß gegen das Tierschutzgesetz sind.

Nicht nur wenn es ums Fressen geht werden Hamster ganz eifrig und flink. Sie sind wendig und können auf den kurzen Beinchen ziemlich schnell rennen und sogar springen, wenn es nicht aus zu großer Höhe ist.

Mit Heinz Sielmann zu den wilden Verwandten der Hamster

Flink und fit

Wenn wir hören, dass ein Tier besonders gut oder schnell oder ausdauernd läuft, denken wir zuerst an größere Tiere, die hochbeinig und schmal gebaut sind, mit lang gestrecktem, muskulösem Körper, zum Beispiel wie Rehe, Antilopen, Geparden oder Wölfe. Dass auch so kleine Tiere wie der Goldhamster bewegungsfreudig und äußerst agil sind und sogar schnell rennen können trotz kurzer Beinchen, wird darüber leicht vergessen. Hamster legen nachts durchaus an die zwei, drei Kilometer zurück. Diese Strecke kommt zusammen, wenn sie sich im Schutz der Dunkelheit auf die Suche nach Nahrung machen. Die müssen sie sich im näheren oder weiteren Umkreis ihres Baus zusammensuchen.

Was für eine erstaunliche Kondition die kleinen Tiere haben, zeigt sich im Laufrad. Das wird übrigens von wilden Hamstern ebenso gern genutzt wie vom Heimtier. Stundenlang können sich einige Hamster in dieser Tretmühle bewegen, Runde um Runde, ohne Ermüdungserscheinungen zu zeigen. Dass der Aufenthalt im Laufrad regelrecht zu einer Sucht werden kann, ist allerdings inzwischen widerlegt. So etwas und vieles andere mehr im Hinblick auf den Hamster in der Heimtierhaltung wird an der Universität Tierspital Bern erforscht. Aber nur ein Laufrad im Gehege zu haben, auch wenn es ihn lange Zeit beschäftigt, ist einseitig. Es fördert den Hamster viel mehr, wenn er zu ganz unterschiedlichen Aktivitäten angeregt wird.

Test:

Was spielt mein Hamster am liebsten?

Beantworten Sie alle Fragen durch Ankreuzen der Kästchen in der Abstufung von

1 (macht viel Spaß) oder

2 (macht etwas Spaß) oder

3 (macht weniger Spaß) bis

4 (wird gar nicht gespielt).

1	Stellen Sie eine Schale mit frischen Sprossen auf. Dann lassen Sie den Hamster darauf los.	1	2	3	4
2	Rollen Sie Obst (Kirschen, Beeren, Weintrauben) vor dem Hamster über den Boden.	1	2	3	4
3	Machen Sie das nun auch mit einem zerknüllten Papierball oder einem Tischtennisball.	1	2	3	4
4	Legen Sie mitten in eine lange Röhre einen Leckerbissen und lassen Sie den Hamster durchlaufen.	1	2	3	4
5	Hängen Sie unterschiedlich dicke Seile auf, die Sie in Abständen verknoten und lassen Sie sie von oben herabhängen.	1	2	3	4
6	Lassen Sie den Hamster auf einem Baumstamm (Durchmesser fünfzehn Zentimeter, Länge zwanzig Zentimeter oder mehr) laufen.	1	2	3	4
7	Und locken Sie ihn nun mit Leckerbissen in Abständen vom Baumstamm herunter, mal zur einen, mal zur anderen Seite.	1	2	3	4
8	Halten Sie dem Hamster, wenn er Männchen macht, einen Leckerbissen vor die Nase und bewegen Sie die Hand langsam zur Seite.	1	2	3	4
9	Lassen Sie den Hamster einen Mehlwurm verfolgen, den Sie ihm vor die Nase halten und wegziehen. Halten Sie den Mehlwurm dabei am Besten mit einer Pinzette.	1	2	3	4
10	Verstecken Sie unter Ihren gewölbten Händen zwei Futterstücke.	1	2	3	4
11	Verstecken Sie unter einer Pappschachtel ein Futterstückchen. Schafft es der Hamster, die Schachtel umzukippen?	1	2	3	4
12	Stellen Sie eine große, hohe Kiste auf, die ganz mit Heu gefüllt ist, und verstecken Sie besonders leckere Futterhäppchen. Lassen Sie den Hamster wühlen.	1	2	3	4

Zählen Sie nun Ihre Punkte zusammen.

12 bis 18 Punkte:
Ein toller Hamster! Er verhält sich Ihnen gegenüber sehr zutraulich und ist bereit, auf Sie einzugehen, wenn Sie so gute Ideen mitbringen, um ihn zu beschäftigen. Das genügt ihm dann auch, und Sie müssen gar nicht mehr für ihn tun.

19 bis 26 Punkte:
Ihr Hamster macht einen guten Eindruck! Sie können noch das eine oder andere ausprobieren, um ihm ein paar Anregungen zu geben. Vielleicht lässt er sich ja mal auf ein neues Spiel ein. Oder nicht? Dann geht es ihm auch so gut.

27 bis 38 Punkte:
Versuchen Sie, bei Ihrem Hamster mit Leckerbissen das Interesse zu wecken. Da ein Hamster, der sich wohl fühlt, neugierig ist, gibt es bestimmt etwas, was für ihn verlockend ist. Aber wenn er nicht mitmachen will? Dann muss er auch nicht!

39 bis 48 Punkte:
Ihr Hamster ist nicht bereit dazu, sich auf Ihre Beschäftigungsvorschläge einzulassen? Bevor Sie jetzt sofort mit Anregungen auf ihn zukommen, fangen Sie mit der Beobachtung an: Womit beschäftigt sich Ihr Hamster, wenn er so ganz allein für sich ist? Vielleicht genügt ihm das ja.

Was Hamster alles können
> 52

Mit Heinz Sielmann zu den wilden Verwandten der Hamster
> 55, 59

Was Hamster hören – Geräusche unterscheiden
> 53

Laut und leise
> 53

Futter-Ranking
> 54

Wir beobachten und entdecken

Was Hamster alles können

Was Hamster alles können

Der Goldhamster ist ein einzelgängerisch lebendes Tier, er bewohnt selbst gegrabene Baue, er ist dämmerungs- oder nachtaktiv, er ist bewegungsfreudig und neugierig, Geruchssinn und Gehör sind bei ihm am ausgeprägtesten. Können Sie seine verschiedenen Verhaltensweisen genau beschreiben? Zum Beispiel, auf welche unterschiedlichen Arten er sich bewegt? Oder wie sein Komfortverhalten aussieht, das heißt, wie er sich putzt, etwa bei der Fellpflege mit den Pfötchen und im Sandbad? Beobachten Sie Ihren Hamster und schreiben Sie alles auf. Je mehr Sie erfahren, desto besser verstehen Sie Ihr Tier und entdecken, was es alles kann.

Überschaubares Verhalten

Verhalten, Fähigkeiten und Lernvermögen sind beim Goldhamster simpler als bei anderen Heimtieren, Tieren etwa, die in der Gruppe leben und ein ausgeprägtes Sozialverhalten zeigen, zum Beispiel Kaninchen oder Meerschweinchen.
Was Goldhamster lernen können, beschränkt sich natürlich auf ihr kleines Leben. Geben Sie Ihrem Hamster so viele Gelegenheiten wie nur möglich, das ganze Spektrum seines Verhaltens zu zeigen, einfacher gesagt: sich auszuleben.
Beginnen Sie mit seinen Sinnen und testen Sie, wie bei ihm Geruchssinn und Gehör funktionieren.

Was Hamster hören – Geräusche unterscheiden

Kennt Ihr Hamster bestimmte Geräusche? Und wie reagiert er darauf? Wenn von Anfang an Töne – ob Zwitschern, Pfeifen, Rascheln oder Sprechen – für ihn mit einer Erfahrung oder einem Erlebnis verbunden werden und wenn Sie sich bei jedem Mal wieder genau an ein einmal eingeführtes Schema halten, wird der Hamster darauf konditioniert: Das heißt, schließlich weiß er, dass Sie ihm zum Beispiel nach einem Pfiff immer ein Stück Fenchel oder eine Rosine aus der Hand geben. Am besten funktionieren diese Konditionierungen, wenn sie für das Tier eine außergewöhnliche Bedeutung bekommen. Ein Leckerbissen genau zum richtigen Zeitpunkt wirkt Wunder. Und damit Sie wissen, welche Leckerbissen der Hamster bevorzugt, machen Sie auch gleich den Test, welches Futter für ihn denn nun zum Lieblingsfutter wird (Seite 54).

Als Einzelgänger und in seinem Hamsterheim in einer gesicherten Umgebung zeigt uns der Goldhamster einen Großteil seines Verhaltens. Durch Anregungen, Beschäftigungsideen und Spiele kann man noch mehr beobachten.

Laut und leise

Nehmen Sie sich Zeit für diesen Test: Versuchen Sie herauszufinden, wie hoch oder tief und wie laut oder leise die Töne sein müssen, die der Hamster hört. Der erste Schritt dahin ist, ihn überhaupt an die Töne gewöhnt zu haben – gehen Sie dabei so vor wie oben beschrieben. Verbinden Sie also die Töne mit einer Futtergabe. Wenn Sie sicher sind, dass er ein Geräusch ziemlich gut zuordnen kann, ist der nächste Schritt herauszufinden, wie leise Sie werden können, um von Ihrem Hamster noch gehört zu werden oder in welcher Tonhöhe er aufmerksam wird. Vielleicht haben Sie auch eine Hundepfeife mit Tönen im Ultraschallbereich, dann versuchen Sie es auch mal damit. Beobachten Sie bei den Tests, wie sich seine Ohren bewegen. Aber werden Sie nicht zu laut, das könnte der Hamster nicht gut ertragen.

Futter-Ranking

Was mag Ihr Goldhamster lieber: Körner, Obst, Gemüse oder Mehlwürmer? Wofür lässt er alles andere stehen und liegen? Bei einem Goldhamster ist es gar nicht einfach zu testen, was sein Lieblingsfutter ist, denn wenn Sie ihm eine große Auswahl anbieten, wird er immer nur weniges oder auch gar nichts gleich verspeisen und das meiste nach und nach in sein Vorratslager schleppen. Versuchen Sie es so: Ordnen Sie so viele verschiedene Futterhäppchen wie möglich in einem Kreis an, Durchmesser etwa dreißig Zentimeter. Dann setzen Sie den Hamster genau in die Mitte. Und machen Sie den Test noch schwerer, indem Sie die Futterhäppchen unter einzelnen kleinen Hütchen von Eierkartons verstecken. Sie können auch zwei ganz kleine Futterhäppchen in Ihre leicht geschlossene Hand nehmen. Versucht der Hamster dann, sie herauszuziehen?

Schnuppertest

Auch ein ausgeprägter Geruchssinn bedeutet nicht, dass ein Tier alles gleich gut erschnuppern kann. Da der Hamster sowohl pflanzliche als auch tierische Kost zu sich nimmt, ist die Bandbreite seines Geruchssinns recht groß. Gibt es etwas, worauf er gar nicht reagiert? Testen Sie zum einen, welche Gerüche den Hamster ansprechen und welche nicht, zum anderen, wie stark diese Gerüche sein müssen. Bei welchen reichen schon Spuren davon aus, damit der Hamster sie wahrnimmt? Um das herauszufinden, fassen Sie verschiedene Futterstückchen an und halten dann dem Hamster nur die Finger vor die Nase, aber nicht das Futter! Es ist auch interessant zu beobachten, ob es Gerüche gibt, die ihn abschrecken oder wie magisch anziehen. Auch dafür gilt: Testen Sie nur über die Geruchsspuren, die an Ihren Händen haften bleiben!

Genau hinschnuppern: Der Hamster nimmt auch noch die feinen Spuren von Gerüchen wahr. Manche mag er nicht. Machen Sie den Test, bei welchen er besonders intensiv schnüffelt. Die Geruchsspuren an den Händen genügen dafür.

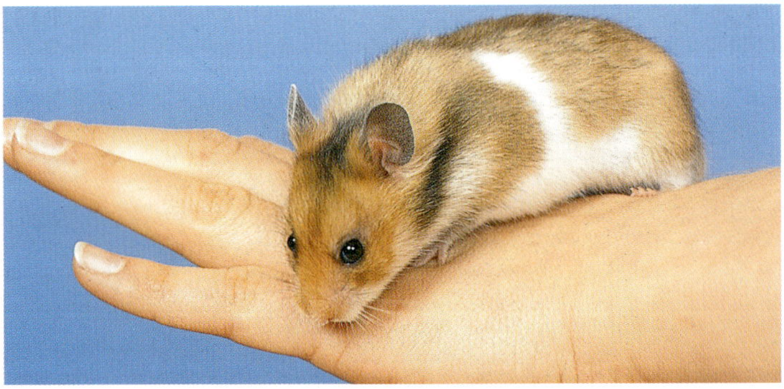

Das Haustier Goldhamster, seit bald 80 Jahren von Menschen gezüchtet, verhält sich kaum anders als das Wildtier aus Syrien. Dabei verfügt der „Haushamster“ nur noch über einen Teil der ursprünglichen genetischen Anlagen.

Mit Heinz Sielmann zu den wilden Verwandten der Hamster

Haustier und Wildtier Am Institut für Zoologie an der Universität Halle haben Professor Dr. Rolf Gattermann und sein Team vergleichende Untersuchungen an wilden Goldhamstern und Zuchthamstern durchgeführt. Von der Expedition im Jahre 1999 nach Aleppo wurden 19 Goldhamster als Wildfänge mitgebracht. Fest gestellt wurde, dass das Heimtier Hamster von seinen Erbanlagen her sehr viel eingeschränkter ist als das Wildtier. Die Zuchttiere haben nur noch ungefähr dreißig Prozent der ursprünglichen genetischen Möglichkeiten. Das ist eine Folge des winzig kleinen Genpools, mit dem die ganze Zucht 1930 begann, aus einer Bruder-Schwester-Verpaarung. Und dennoch, das war das überraschende Ergebnis, zeigten die Wildhamster und die Zuchthamster in vielen Punkten ein vollständig übereinstimmendes Verhalten. So weisen die beiden Testgruppen das gleiche Verhalten auf, wenn es zum Beispiel um die Anlage eines Überwinterungsbaus geht. Was sich daran zeige, so Professor Gattermann, sei, dass die Bedeutung der Gene doch noch überdacht werden müsse. Ein Unterschied allerdings sei, dass die Wildtiere noch aktiver und beweglicher sind, auch in ihren Sinnes-Reaktionen, als die Heimtiere. Sie sind schneller, aggressiver, lebhafter und aufmerksamer. Diese Vitalität hat das Heimtier durch die Unterbringung im gesicherten Hamsterheim auch nicht mehr nötig.

Mit immer wieder neuen Anregungen und Spielideen, zum Beispiel mit dem Aufbau eines kleinen Parcours oder Labyrinths, kann der Hamster in seiner Aktivität und Beweglichkeit gefördert werden, und das hält ihn in jeder Hinsicht fit.

Lernzeiten testen

Wie lange braucht Ihr Hamster, bis er bei Ihren Versuchen mit Tönen und Futtergaben den Zusammenhang verstanden hat? Müssen Sie ihn wochenlang damit beschäftigen? Oder versteht Ihr Tier schon nach wenigen Tagen, was nun folgt? Können Sie dabei Unterschiede erkennen: Was begreift er schneller? Wozu braucht er lange? Wenn Sie sich ausgiebiger als Verhaltensforscher betätigen wollen: Stellen Sie fest, wovon diese Unterschiede abhängen: Vom Futter? Von den Geräuschen? Von den Aktivitätszeiten des Hamsters?

Aktivitätszeiten abwarten

Wann hat der Hamster seine aktivsten Zeiten? Natürlich warten Sie ab, bis er am Abend von selbst aus seinem Schlafhäuschen herauskommt und alle für ihn wichtigen Dinge hinter sich gebracht hat. Wie lange dauert es, bis er wirklich die Bereitschaft zeigt, sich auf Sie und auf Ihre Aufforderungen zu Spiel und Beschäftigung und zum Lernen einzulassen?

Was Hamster lernen können

Inwiefern ist der Goldhamster intelligent? Kann bei einem Tier wie dem Goldhamster überhaupt von Intelligenz die Rede sein? Ja, im Rahmen seiner Fähigkeiten. Bei Hamstern gibt es erstaunliche Unterschiede. Wer über Jahre mehrere Goldhamster gehalten hat, wird sie schnell bemerken. Die Intelligenz bei einem Goldhamster zu fördern, heißt sein Neugierverhalten, seine Aktivität und Beweglichkeit zu fördern. Es ist ein Ergebnis der Hamster-Forschung am

Zoologischen Institut der Universität Halle, dass das Heimtier Goldhamster nicht weniger fit ist als das Wildtier. Damit Ihr Hamster fit bleibt, braucht er eine anregende Umgebung, die nur Sie ihm schaffen können.

Immer wieder Abwechslung

Auch das größte Hamsterheim, und wenn es noch so vielseitig eingerichtet ist, kennt der Hamster mit seinem guten Orientierungssinn bald in- und auswendig. Gestalten Sie die Einrichtung nach einiger Zeit anders. Stellen Sie einiges um oder tauschen Sie alte Sachen auch ganz aus. Es wird immer wieder neues interessantes Zubehör im Zoofachhandel angeboten. Oder vielleicht fällt Ihnen selbst etwas ein, wenn Sie den Hamster so beobachten. Womit könnten Sie ihn beschäftigen? Was würde ihn zu Entdeckungsreisen in seinem Gehege herausfordern? Sie können ihn auch überraschen – mit einem ganz neu gestalteten Hamsterheim. Aber nicht vergessen: Immer etwas alte Einstreu wieder verwenden. Und der Platz für die Hamstertoilette sollte in der ganzen Zeit nicht gewechselt werden. Anregungen finden Sie ab Seite 40.

Tipp

Umbau im Hamsterheim

Alle umfangreicheren „Renovierungsarbeiten" im Hamsterheim nehmen Sie am besten zu dem Zeitpunkt vor, wenn Sie den Käfig vollständig säubern müssen.

Futter schnappen und sofort im sicheren Versteck hamstern – das ist das typische Verhalten des Hamsters. Es ist immer wieder interessant, das kleine Tier dabei zu beobachten, wie schnell und eifrig es bei dieser „Arbeit“ vorgehen kann.

Tipps zur Beobachtung

Haben Sie schon zugesehen, wenn Ihr Hamster seine Backentaschen füllt? Wie eifrig läuft er hin- und her, wenn es Futter gibt? Was frisst er sofort? Was sammelt er und trägt es als Vorrat in sein Versteck? Warum eigentlich verspeist er sein Futter nicht wie andere Tiere an Ort und Stelle? Seine Vorratshaltung hat sich in der Natur als praktisch erwiesen. Zum einen sorgt er für magere Zeiten vor. Zum anderen ist so ein kleines Tier sehr gefährdet, wenn es sich entfernt vom Bau auf Futtersuche macht. Dabei wird es zur leichten Beute von Raubtieren! Also sammelt der Hamster in den Backentaschen, was er tragen kann, um später im sicheren Bau zu fressen. In seinen Backentaschen kann ein Hamster etwa 18 Gramm Futter verstauen. Und wie leert er seine Backentaschen wieder? Er zieht sich in sein Häuschen oder an einen anderen Ort zurück, an dem er sein Vorratslager eingerichtet hat. Wenn der Hamster alles im Häuschen hortet, hilft Ihnen bei dieser Beobachtung das Dach, das sich hochklappen lässt. Er streicht mit seinen Pfötchen beide Seiten des Kopfes in einer Bewegung von hinten nach vorn. So holt er Futterbrocken um Futterbrocken wieder heraus.

schon gewusst?

Der alte Hamster

Bei einem so kurzlebigen Tier wie dem Goldhamster kann der Alterungsprozess schon nach etwa einem Jahr einsetzen. Der Hamster wird allmählich ruhiger, er zieht sich öfter in sein Schlafhäuschen zurück. Je älter der Hamster wird, desto unbeweglicher wird er. Er klettert nicht mehr, läuft nur kürzere Strecken. Ein alter Hamster bekommt steife Gelenke. Er kann erblinden. Sein Fell wird auch dünner. Auf Ihren alten Goldhamster müssen Sie Rücksicht nehmen. Er wird nur noch in die Hand genommen, wenn er von sich aus kommt oder wenn es unbedingt nötig ist. Er bekommt weiterhin vielseitiges, ausgewogenes Futter. Im Hamsterheim werden ihm einige Hindernisse aus dem Weg geräumt. Freilauf braucht ein alter Hamster nicht mehr. Eines Morgens wird er vielleicht tot im Häuschen liegen. Wenn Ihr Tier noch im Alter krank wird, lassen Sie es bitte nicht leiden.

Als Haustiere werden Goldhamster zu Millionen gezüchtet. Aber als Wildtiere in ihrer Heimat sind sie eine bedrohte Art. Goldhamster gelten in Syrien, ihrem Ursprungsland, als Schädlinge, weil sie angeblich so viele Vorräte hamstern.

Mit Heinz Sielmann zu den wilden Verwandten der Hamster

Bedrohte Arten Von den wilden Hamstern in Syrien gab es lange Zeit wenig zu erfahren. Die Art galt sogar als verschollen. Inzwischen sind Zoologen der Universität Halle wie auch der Universität von Aleppo dabei, das Wildtier Goldhamster zu erforschen.

Von ihnen wissen wir, dass der Goldhamster heute eine bedrohte Art ist. Er wird in Syrien ebenso verfolgt wie bei uns früher der Feldhamster. Er gilt dort als Schädling, weil er sich von den Feldern, in denen er seine Baue anlegt, seine Nahrung holt und Vorräte ansammelt. Dass er sich vorwiegend von Insekten und anderen kleinen Tieren ernährt, wird nicht zur Kenntnis genommen. Mit Gift und mit Fallen wird ihm nachgestellt. Dabei hat er es schon schwer genug, denn er lebt in einer Umgebung, in der er sich immer mehr auf kleinere Rückzugsorte beschränken muss. Meist grenzt das Ackerland genau an Wohngebiete. Er findet also kaum Schutz. Und er findet oft nicht einmal genug Nahrung. Denn gleich nach der Ernte werden die Felder zunächst noch durch Schafe beweidet, die die letzten brauchbaren Reste der Pflanzen fressen. Und anschließend werden die Felder abgebrannt, sodass für den Hamster nun wirklich nichts mehr zu finden ist. So kommt es, wie die Zoologen nachweisen konnten, dass der Goldhamster in seiner Heimat nur noch vereinzelt vorkommt und als vom Aussterben bedrohte Art eingestuft werden muss.

Test:

Wie schlau ist mein Hamster?

Beantworten Sie alle Fragen durch Ankreuzen der Kästchen

1 (Ja) oder 2 (Nein)

1 Wenn ich kleine Portionen Futter an verschiedenen Stellen auslege, fängt der Hamster gleich an mit der Suche. 1 2

2 Wenn an einer Stelle nichts liegt, läuft er erst gar nicht darauf zu. 1 2

3 Wenn ich immer wieder an einer bestimmten Stelle Lieblingsfutter verstecke, läuft der Hamster jedes Mal dahin. 1 2

4 Wenn der Hamster beginnt, Futter in seine Vorratskammer zu tragen, lässt er sich von mir nicht mehr ablenken. 1 2

5 Wenn ich für den Hamster ein Labyrinth aufbaue mit Hindernissen, läuft er durch, am Anfang vorsichtig. 1 2

6 Nach einer Weile läuft er die Strecke durch das Labyrinth ganz sicher und schnell. 1 2

7 Wenn ich dann alles umstelle im Labyrinth, läuft er trotzdem schnell los. 1 2

8 Wenn ich meinen Hamster in eine Pappschachtel setze, in die ich ein (nicht zu großes) Loch geschnitten habe, nagt er so lange, bis es groß genug ist für ihn, um sich zu befreien. 1 2

9 Mein Hamster kommt auf bestimmte Geräusche hin angelaufen. 1 2

10 Wenn ich meinem Hamster zwei unterschiedlich große Leckerbissen seines Lieblingsfutters anbiete, nimmt er das größere Stück mit. 1 2

Zählen Sie nun Ihre Punkte zusammen.

10 bis 12 Punkte:

Ihr Hamster ist ein schlaues Tier! Er ist interessiert an seiner Umgebung und sogar an Ihnen. Ein Zeichen dafür, dass er bei Ihnen auch viele verschiedene Möglichkeiten zur Verfügung hat, seine Verhaltensweisen zu zeigen.

13 bis 15 Punkte:

Ihr Hamster ist schlau. Vielleicht ist er etwas zurückhaltender und vorsichtiger. Und vielleicht fehlen ihm auch einfach nur ein paar Anregungen von Ihnen? Bieten Sie ihm mehr Beschäftigungsideen

16 bis 20 Punkte:

Natürlich ist auch Ihr Hamster schlau! Aber ist er ängstlich? Vielleicht müssen Sie zuerst noch sein Vertrauen gewinnen. Oder hat er doch nicht die richtige Umgebung? Das lässt sich ändern.

Service

Zum Weiterlesen und Weiterclicken

Empfehlenswerte Bücher

Beck, Peter Liebenswerte Hamster, Kosmos 2002
Hollmann, Peter Kleinsäuger als Heimtiere. In: Sambraus, H.H. und A. Steiger (Hg.) Das Buch vom Tierschutz, Enke 2002
Kittel, Rolf Der Goldhamster. Neue Brehm-Bücherei Band 88. Akademische Verlagsgesellschaft.
Toll, Claudia Mein Hamster, Kosmos 2000

Zeitschriften

Ein Herz für Tiere Gong-Verlag, Nürnberg
GEO, Heft 12, 1997 Gruner & Jahr, Hamburg
Lebendige Tierwelt Bundesverband Praktischer Tierärzte, Frankfurt am Main
Rodentia Kleinsäuger-Fachmagazin, Natur und Tier-Verlag GmbH, Münster
Tier Bild Axel Springer AG, Hamburg

Internet

www.diebrain.de
Grundlegendes zu allen Fragen rundum den Goldhamster. Downloads und weitere Links.

www.hamsterseiten.de
Speedys Hamsterseiten mit Informationen zu Anschaffung, Haltung, Rassen, Zucht. Mit Quiz für Hamsterfreunde.

www.hamsterhilfe-kaiserslautern.de
Informationen über Hamster und Hamstervermittlung.

www.hamsterhilfe.com
Das Wichtigste über Hamster, Hamstervermittlung.

Nützliche Adressen

Bundesarbeitsgruppe Kleinsäuger
c/o Klaus Rutloff
Am Tierpark 125
10307 Berlin
www.schulzoo.de/bag/infos/wasistdas.php

Deutscher Tierschutzbund e.V.
Bundesgeschäftsstelle
Baumschulallee 15
53115 Bonn
www.tierschutzbund.de/

Norddeutscher Kleinnager & Meerschweinchenverein (NMKV) e.V.
c/o Richard Olschewski
Siedlerweg 32
38459 Bahrdorf/Rickensdorf
www.nmkvev.de/

Register

Bildnachweis

4 Farbfotos von Juniors Bildarchiv (S. 9, 23, 41, 55),
Alle weiteren 106 Fotos stammen von Christof Salata / Kosmos.

Impressum

Umschlag von eStudio Calamar unter Verwendung von Farbfotos von Juniors Bildarchiv (Motiv Vorderseite) und Christof Salata / Kosmos (kleine Motive Rückseite und Umschlagklappen).

Mit 110 Farbfotos

Bibliographische Information der Deutschen Bibliothek
Die Deutsche Bibliothek verzeichnet diese Publikation in der Deutschen Nationalbibliografie; detaillierte bibliografische Daten sind im Internet über http://dnb.ddb.de abrufbar.

Alle Angaben und Methoden in diesem Buch sind sorgfältig erwogen und geprüft. Sorgfalt bei der Umsetzung ist indes doch geboten. Verlag und Autoren übernehmen keinerlei Haftung für Personen-, Sach- oder Vermögensschäden, die im Zusammenhang mit der Anwendung und Umsetzung entstehen könnten.

Gedruckt auf chlorfrei gebleichtem Papier

ISBN-13: 978-3-440-10243-5
ISBN-10: 3-440-10243-2
Redaktion:
Ute-Kristin Schmalfuss
Gestaltungskonzept:
eStudio Calamar
Layout und Satz:
Atelier Krohmer
Produktion:
Kirsten Raue / Markus Schärtlein / Tatyana Momot
Printed in Italy /
Imprimé en Italie